GARCÍA DEL CASTAÑAR

ROJAS ZORRILLA

GARCÍA DEL CASTAÑAR

Edited with Introduction

by

J. W. BARKER, M.A., Ph.D.

*Lecturer in Spanish and Portuguese
in the University of Cambridge*

CAMBRIDGE
AT THE UNIVERSITY PRESS
1935

CAMBRIDGE
UNIVERSITY PRESS

University Printing House, Cambridge CB2 8BS, United Kingdom

Published in the United States of America by Cambridge University Press, New York

Cambridge University Press is part of the University of Cambridge.

It furthers the University's mission by disseminating knowledge in the pursuit of
education, learning and research at the highest international levels of excellence.

www.cambridge.org
Information on this title: www.cambridge.org/9781107629431

First published 1935
First paperback edition 2014

A catalogue record for this publication is available from the British Library

ISBN 978-1-107-62943-1 Paperback

CONTENTS

PREFACE

GARCÍA DEL CASTAÑAR is a play that may fitly be republished during the celebration of the tercentenary of the death of Lope de Vega. Lope, like most great men, lived on in the minds and works of his disciples. Francisco de Rojas Zorrilla, a follower of Lope in the chronological sense, shows in his masterpiece, *García del Castañar*, that he had assimilated his master's practice and precept.

Spanish dramatists in the seventeenth century tend to be grouped (by historians) round the two figures, Lope de Vega and Calderón. The earlier group is distinguished by freshness, vigour and growth, while the second group, having come into an inheritance of formed types and methods, shows polish, maturity and the seeds of decline. Rojas appears to blend both styles, but more particularly he imitated the early works of Calderón, in diction, argument, motive and situation.

The Introduction treats some of the salient points raised by *García del Castañar*, which is an epitome of contemporary dramatic practice. The following subjects are recommended for the consideration of University students: *Pundonor*, construction and technique, reasons for the extensive use of the soliloquy, dramatic irony, the use of metre, *culteranismo* in drama.

A collation of the present edition with others will reveal something of the critical care that has been bestowed on the restoration of the metre and stanza forms.

J. W. BARKER

Downing College, Cambridge

INTRODUCTION

FRANCISCO DE ROJAS ZORRILLA (1607–1648), born at Toledo, student at Salamanca, popular courtier in Madrid, collaborator with many playwrights, and possessed of all the gifts of the successful dramatist, was overshadowed by giants. Careful in the construction of the outline of his plots he was impetuously imaginative within the framework. Exaggeration marks language, character and incident. Rojas attempted all classes of drama developed in his period, but he is more especially distinguished for his *Comedias de Figurón*, where the principal character is a needy adventurer. The best example is *Entre bobos anda el juego*. Rojas' distinction lies in the fact that he wrote *Del Rey abajo, ninguno, García del Castañar*[1]. It is the representative Spanish play of *pundonor*, and is free from many of his usual exaggerations.

SOURCES AND TECHNIQUE

García del Castañar, the tragic, pseudo-historical story of the time of Alfonso XI, *circa* 1342, has a significant ancestry. Two prevailing characteristics of contemporary drama were Personal Honour and Loyalty to the king, and Lope had exploited them in various plays. Round the central theme of these two principles in uncompromising conflict Rojas wove other elements from Lope, *El villano en su rincón*; Tirso, *El celoso prudente*; and Vélez de Guevara, *La luna de la sierra*. The result is a play almost perfect of its kind. The exposition is clear and adequate.

---

[1] *García del Castañar* seems to have been written 1646–1647. It was first printed in 1650, but not included in 1ᵃ *Parte de las comedias*, 1640, or in 2ᵃ *Parte*, 1645. Form, finish and metre suggest a mature mind and a practised hand. Rojas died on 20 Jan. 1648. It would be pleasing to think that the play reflects the happiness of Rojas' married life (he was married in 1640), and his knighthood, Aug. 1643.

B   *b*

Mendo craves of the king, Alfonso XI, the sash of a Caballero de la Banda. El Conde de Orgaz outlining the plans of the Moorish campaign mentions a generous offer of services and supplies from a man unknown to the king—*García del Castañar*. Mendo is contemptuous of the rustic *Castañar*. Alfonso, disguised, sets out with three friends to investigate, and Mendo (wearing the sash, and mistaken for the king) falls in love with Blanca, García's wife. The development is well contrived without episodic matter, and despite passages of continued metaphor which tend to retard the action, suspense is maintained to the end. The *desenlace* is ingenious[1]: an apparent dilemma is resolved in a perfectly natural way.

VERSIFICATION

By the employment of a striking variety of metres and stanzas, Spanish dramatists of the seventeenth century were able to express every shade of meaning and emotion. In the *Arte Nuevo de Hacer Comedias* Lope recommended the consistent use of definite metres in given circumstances. Perhaps the most striking example of this precise use of applied metres was that of the *Octava real con rima aguda*. As it was usually associated with scenes of terror, the audience perceived the meaning and could begin to shudder at the first two lines. Calderón used this device in *La Cena de Baltasar*, "Yo divino profeta Daniel." Rojas, too, like that master technician Moreto, employs with skill a rich variety of Italian and Spanish metres for special purposes. In *García del Castañar* the most noteworthy feature of the metre is that the lines in *Silva pareada* and *Décima* comprise more than a quarter of the whole. There is abundant use of *Redondillas*, *Romance* lines and *Sextillas*, as well as a few other short Spanish types. *Tercetos* and *esdrújula* rhymes are absent. This choice of metres seems to be deliberate. Lope had tended to use Italian metres for courtly scenes and themes, and Spanish metres for ordinary scenes and themes.

[1] Compare in this and other respects, Lope de Vega, *La Carbonera*.

Dr E. M. Wilson of Cambridge, in his careful reading of the dramatists with an eye to Gongorine influence, noted the three planes of speech or diction in Lope's peasant plays: (1) an aristocratic language, (2) a plebeian language, and (3) a language above the ordinary for men who are finally to be ennobled, either because of their gallantry, or because of their high birth when discovered. The language of "disguised rank" is best seen in the characters of Peribáñez and García. This heightened tone, accentuated as ennoblement approaches, is achieved in various ways. One notable means is the employment of *Culteranismo*. In these cases, *Culteranismo* seems to be justified as a dramatic device.

CULTERANISMO AND *GONGORISMO* IN *GARCÍA DEL CASTAÑAR*

It is necessary to distinguish between (1) quotations from Góngora's poems and paraphrases, (2) general characteristics of *culto* style, (3) personal characteristics of Góngora's style, and (4) Góngora's subjects. Traces of all four will be found here. *Culto* language may not easily be differentiated from the poetical language of the period, but it is clear that *culto* vocabulary pervades the play and is accompanied by *culto* characteristics such as chiasmus and oxymoron.

Lines 1487–9 are a quotation adapted from *Soledad Primera*:

> Mi bienaventurado
> Albergue, de delicias coronado.

Polifemo (140–5) inspired lines 125–8. In a more diffuse form many Gongorine reminiscences are found in lines 1212–30. The following are the most striking:

> Verá el Argos de la noche (i.e. the Moon),
> Y el Polifemo del día (i.e. the Sun).

In general the language of the play is reminiscent of the *Polifemo* (Góngora), *La Vida es Sueño*, and the early *Autos* of

Calderón. Calderón had used in a highly characteristic manner general stylistic devices of the age which came to be regarded as *culto* : *esdrújula* and trisyllabic adjectives, Latinized vocabulary, antithesis, resonant vocabulary, chiasmus, oxymoron, repetition, parallelism, words *felt* to be neologisms, and continued metaphor. Two of these are especially noteworthy and become fused into one—continued metaphor in Latinized vocabulary. When the metre employed had been used by Góngora in a *culto* poem (e.g. *Silva pareada* or *Décima*) the effect of cultism is heightened. García's development may now be traced in metre and language. *Culteranismo* will play the rôle of discoverer of rank.

> GARCÍA.   Fábrica hermosa mía,
>   Habitación de un infeliz dichoso,
>   Oculto desde el día
>   Que el castellano pueblo victorioso,
>   Con lealtad oportuna,
>   Al niño Alfonso coronó en la cuna.   (ll. 221-6.)

This begins no rustic speech, but introduces that high tone which is developed in the course of the play. As in *Peribáñez* it is associated with a popular kind of music, which produces the effect of idyllic happiness in rural surroundings.

> GARCÍA.   *Esta es blanca como el sol,*
>   *Que la nieve no,* etc.

An analysis of this artistic presentation of popular music and thought beside more recondite forms would reveal the appeal of many Spanish dramatic masterpieces. The tone of "Fábrica hermosa mía" and "Esta es blanca" are the twin bases for the discovery and worthy ennoblement of García. But Rojas is an artist and (in this play) does not overemphasize tricks of style or overstress the clue. It is in lines 1063-1148 that the high character of García is made manifest. García is hunting on the *sierra*. His speech gives him character, stamps him as a man above the ordinary, and prepares the hearer unconsciously for the revelation of his noble birth. He is felt to be worthy of a higher station.

> Bosques míos, frondosos,
> De día alegres, cuanto tenebrosos,
> Mientras baña Morfeo
> La noche con las aguas de Leteo,
> Hasta que sale de Faetón la esposa
> Coronada de plumas y de rosa....

The *culto* methods employed are: vocabulary, *bosques, frondosos, alegres, tenebrosos, coronada*, etc.; antitheses, *día, noche, alegres, tenebrosos*; mythological names, *Morfeo, Leteo, Faetón*; the juxtaposition of *plumas* and *rosa*. The details are relatively unimportant, but the total effect of the passage is decisive. In brief, the place of the more usual secondary plot is taken by the discovery of García's noble birth, and this noble birth is dimly revealed by the heightened style.

Blanca's use of *estilo semi-culto*, more especially on two occasions, shows Rojas' right feeling founded on sound psychology. In times of stress and anxiety meaner minds tend towards mean ways of speech and taunts. Anxiety becomes weakness and despair. A higher type of mind reacts differently: the ingratitude and pain may be felt, but consolation is sought in higher things. Passion and sorrow lend high thought and poetic mode to expression, and new thought is generated. Blanca is of this higher type. Distraught, she cannot understand her kind husband's murderous intent. As she flees into the waste her undying love for him is tortured. When, therefore, she meets the Conde, her pain and her love speak out together (ll. 1730–1884). Verse could be the only medium: *culto* verse, at this period, the only adequate medium. Two lines have been characterized as "mauvais gongorisme,"

> Ver aquel mundo breve,
> Que en fuego comenzó y acabó nieve. (ll. 1825–6.)

This judgment seems to show a lack of appreciation of the circumstances, and of the use of verse in drama. Blanca also speaks in *semi-culto* language in lines 1231–40:

> Corre veloz, noche fría,
> Porque venga con la aurora
> Del campo, donde está ahora....

The heightened diction is apposite, dramatically and psychologically. Not only does it follow a *culto* passage on the stage, but the anxious Blanca, a good wife, troubled at the unwelcome attentions of Mendo, is praying for her husband's most desired return from the cold, inhospitable mountain.

THE *GRACIOSO* AND *CULTERANISMO*

The functions of the *gracioso*, Bras, are interesting. In an earlier volume[1], the early seventeenth-century *gracioso* was shown to be a rudimentary figure with conventional characteristics. The greedy, low-born coward, comically full of horse-sense, throws into relief a bold, generous, noble, and romantic master. Out of the dramatic irony of his awkward remarks and adventures there developed a more complete *gracioso* in the works of Lope and his successors. In Tirso (cf. Catalinón) the *gracioso* is crafty, as also in Calderón. In the works of Moreto the *gracioso* had lost his appearance of shadow and foil, and plays an independent part (cf. *El desdén con el desdén* and *Trampa adelante*). Rojas, too, gives an important place to the *gracioso*, who may resolve the principal or subsidiary action, or even be jealous of his master. But there is one chief exception among Rojas' *graciosos*—Bras in *García del Castañar*. The dramatist's good sense led him to disregard the traditional omnipresence of the stock figure or even to distribute his functions as in Lope's *Peribáñez*. In this play on a high subject the constant intervention of the figure of fun was not required. Bras appears as a mercenary messenger, adds some rustic quips

[1] Lope de Vega, *El remedio en la desdicha*, Camb. Univ. Press.

for relief, acts as a foil to his master, and disappears from the scene. He illustrates, however, another aspect of the elaboration of the *gracioso*. Though Lope's *gracioso* was always rudimentary and foolish he became a critic, and traditional practice turned him into a kind of Greek chorus. Implicitly and explicitly he satirized political evils, social customs[1] and literary fashions[2]. *Culteranismo* was a fit subject for satire, parody, comic effect or travesty. More than one of these may be present in the same passage, though the comic effect may be lost to readers in a less *culto* period. Bras provides one good example which appeals alike to admirers of Góngora and his detractors:

> De cuatro rayos con crines,
> Generación española,
> De unos cometas con cola,
> O aves, y al fin rocines.... (ll. 391-4.)

To parody of words and order of words, comic effect, satire perhaps, travesty is added in the last word *rocines* (nags). The result is intentional bathos.

EL DIALECTO SAYAGUÉS

The village of Sayago, which lies between Zamora and Salamanca, has given its name to a conventional language called *Sayagués* used by rustics in the Spanish drama during the sixteenth and seventeenth centuries. The original dialect is a variety of the Salamancan dialect, *charruno*[3]. Careful investigation of the modern dialect and comparison with the literary presentation have convinced me that the term *sayagués* as applied to the drama of the *Siglo de Oro* is a conventional term which represents the actual dialect only for a few early dramatists; in general it is

[1] Alarcón, *La verdad sospechosa* (high collars).

[2] Lope, *Castigo sin venganza* (los cenáculos de Madrid). Moreto, *El desdén con el desdén* (Polilla satirizes Lope's *Arcadia*).

[3] Menéndez Pidal, *El dialecto leonés* (*Rev. de Archivos*, 1916). Lamano y Beneito, *El dialecto vulgar salmantino*, Salamanca, 1915.

used to designate rustic speech with a background of true *saya-gués* overworked with the peasant speech west of Toledo, the common speech of Extremadura, archaisms, occasional *voces de germanía*, and any other vulgarisms. The actual composition usually depends on the birthplace and experience of the author.

As no attempt has yet been made to trace in detail the introduction, development and importance of this conventional language, the main outlines are set out here for the fuller comprehension of *García del Castañar* as a representative drama of the period.

The anonymous *Coplas de Mingo Revulgo* (*circa* 1564), a clever and popular satire, were couched in "un lenguaje rústico y pastoril, algo convencional,... cuyos elementos parecen tomados del habla popular de la Extremadura alta, y de ciertas comarcas de las provincias de Salamanca y Zamora[1]." Of the two characters, one, Mingo Revulgo, speaking *sayagués* represented the lower classes, while the other, Gil Arribato, represented the upper classes. Juan del Encina, "the father of the Spanish drama," introduced the dialect into his *Églogas* on account of the evident success of the *Coplas*, but he used it naturally for, like Lucas Fernández, he was born near Sayago. Encina's contemporary imitator, Gil Vicente, was an artist in linguistic effects. A poet of contrast, he used a mixture of languages to please an international Court, to produce comic effect, and to differentiate grades of society. Hence the developing drama received a second impulse towards the employment of a rustic speech. Torres Naharro, who spent much time in Italy and published his first plays there, not only enlivened his works with the humour resulting from the mutual malcomprehension of Spaniards and Italians, but also tended to continue the rustic tradition in the *Introitos*. "Escribía bien aquellas cosas bajas i plebeyas que pasaban entre gentes con quienes él más ordinariamente trataba."

After Lope de Rueda, and because of his successful practice, *sayagués* became the conventional peasant language of the drama.

[1] Menéndez y Pelayo, *Antol. poetas lír.* t. VI, p. xv.

The contemporary bookseller dramatist, Juan de Timoneda, who published the *Pasos* of Rueda described him as "espejo y guía de dichos sayagos y estilo cabañero." The outstanding characteristics of the *parvos* of Gil Vicente and the *bobos* of Lope de Rueda tend to reappear in the later *gracioso*: their eccentricities of pronunciation, malapropisms, and constant preoccupation with material comforts, do persist.

A third stage of the hardening of the convention is clear and explicable. The *gracioso* of Lope de Vega became the more vulgar counterpart and foil of his nobler master. Hence his speech was boorish, rustic and often connected with food. A good example will be found in Pelayo in Lope's *El Mejor Alcalde, El Rey*. These characteristics of language became a stock device of the greater and lesser dramatists, and they are dramatically effective in *García del Castañar*. *Sayagués* disappeared from the drama due to the incisive criticisms and satires of Quevedo and others, and has been succeeded by *gallego*, *chulo* and *andaluz*.

The conventional *sayagués* of *García del Castañar* is restricted in amount.

1. Initial *ll* is used for *l*, 402.
2. *r* is used for *l*, 328, 461, 928, 951, 1342.
3. *l* is used for *r*, 2488.
4. Popular verb forms, 412, 964, 977.
5. Slang and popular word formations, 323, 781, 881, 889, 1295.
6. Metathesis, 790.
7. Confusion, 422, 883, 923, 1278, 1327.
8. Play on words, 886, 1460.
9. Contracted past participles, 1780, 2458, 2460.
10. Archaic forms, 322, 332.

These conventional forms are used for comic effect, for differentiation of character, and because they are suitable to the character of a herdsman.

THE POINT OF HONOUR[1]

No other Spanish play has presented so concisely, so dramatically, and with so little exaggeration, the *punto de honor* in conflict with Loyalty to the king. The theme is made more poignant than in Lope, Calderón and other writers, for the conflict is accompanied by a real and tender love. The main tenets (of one aspect) of the ruthless conventional code of honour form the basis of the play[2]. "Dos distintas concepciones del honor: el de Lope y Vélez, es el honor *villanesco*, humano; el de Rojas, es el honor *caballeresco*, artificioso." (A. Bonilla y San Martín.) The king must be the object of loyalty, respect and service.

> GARCÍA.   El Rey es, de un hombre honrado,
> En necesidad sabida,
> De la hacienda y de la vida
> Acreedor privilegiado.   (ll. 559–62.)

By the accepted literary tradition of the social structure only nobles could have *honor*, and the peasant is destitute of it.

> MENDO.   Si fueras diosa en la tonante esfera,
> No montañesa ruda
> Sin honor....   (ll. 1158–60.)

Innocence must suffer if Honour is impugned by mere suspicion or fortuitous circumstance.

> GARCÍA.   Bien sé que inocente estás.   (l. 2277.)

[1] The theme was also treated by Rojas in *Cada cual lo que le toca* (ed. Américo Castro, Madrid, 1917) and *Progne y Filomena.*

[2] Américo Castro, *Algunas observaciones acerca del concepto del honor* (*Rev. Fil. Esp.* III, 1916). Fichter (W. L.), *A Study of Conjugal Honour in Lope de Vega, "El castigo del discreto,"* New York, 1925. Herdler (A. W.), *Sentiment of honour in Calderón's Theatre* (*Mod. Lang. Notes*, VIII, 1893). Rubió y Lluch (A.), *El sentimiento del honor en el teatro de Calderón*, Barcelona, 1882. Stuart (D. C.), *Honor in the Spanish drama* (*Romanic Review*, I, 1910).

GARCÍA. Sólo por razón de estado,
A la muerte te condeno. (ll. 1659–60.)

Outraged honour justifies murder.

GARCÍA. ¡Este es honor, caballero! (l. 2363.)

The interest of the play lay in the problem of Loyalty versus Honour. But dramatic intensity is added, for Honour here is no external quality as in Calderón. Domestic felicity is in disharmony with this egoistic perversion and distortion of chivalresque ideals: love softens the heart and increases the mental conflict: dramatized emotion enhances dramatic convention.

GARCÍA. Honor y lealtad, ¿qué haremos?
¡Qué contradicción implica
La lealtad con el remedio! (ll. 1528–30.)

GARCÍA. ......forzosa
Obligación de la ley
Ser piadoso con el Rey
Y tirano con mi esposa. (ll. 1931–4.)

Enlightened opinion[1] shares García's questioning:

...¿Es bien que conveniencias
De estado en un caballero,
Contra una inocente vida
Puedan más que no el derecho?

(ll. 1661–4.)

But the answer is a sad, laconic and confirming *Sí*.

The final effect, however, of this delightful play, and the one which lends it abiding charm, is the strain of tender and idyllic love of country lovers.

Pues están Blanca y García
Como palomos de bien.

[1] The exaggerated "honor cortesano" of *García del Castañar* hardly reflects Rojas Zorrilla's personal point of view. See A. Valbuena, *Lit. Dram. Esp.* Barcelona, 1930, pp. 249–55.

ANALYSIS OF METRES

Act I

Lines
1– 92 Redondillas.
93–176 Romance.
177–220 Redondillas.
221–262 Sextillas.
263–274 Cantar octosílabo con estribillo.
275–290 Redondillas.
291–318 Dos Sonetos.
319–838 Redondillas.

Act II

Lines
839–1062 Redondillas.
1063–1168 Silva pareada.
1169–1230 Romance.
1231–1240 Décima.
1241–1268 Redondillas.
1269–1272 Seguidilla.
1273–1276 Redondilla.
1277–1278 Octosílabos pareados.
1279–1282 Redondilla.
1283–1286 Seguidilla.
1287–1366 Redondillas.
1367–1456 Décimas.
1457–1484 Redondillas.
1485–1496 Sextillas dobles.
1497–1690 Romance.

Act III

Lines
1691–1904 Silva pareada.
1905–1944 Décimas.
1945–2090 Romance.
2091–2126 Redondillas.
2127–2316 Décimas.
2317–2364 Redondillas.
2365–2562 Romance.
2563–2582 Redondillas.

Three stanzas are incomplete. The following lines or parts of lines are lacking: 383, 384, 1494, 1792.

NOTES

LINE 2. **Querella:** *quererla.*

4. **Caballero de la Banda.** The Order of *La Banda* was founded at Vitoria, 2 August 1332, by Alfonso XI (Mariana).

19. **Está en opinión:** to be called in question or to be in danger. Cf. Lope, *El caballero de Olmedo.*

28. **Información.** Candidates for admission into a Military Order were subjected to an *enquiry* into the nobility of their birth.

61. **Don Gil de Albornoz.** Gil Álvarez Carrillo de Albornoz (1310 Cuenca–1367 Viterbo, Italy), statesman, court chaplain, warrior, became Archbishop of Toledo, 1337, and imprisoned Juan Ruiz. In 1340 he was present at Salado with Alfonso XI (Poema de Alfonso Onceno, *circa* 1513). Having reproved Pedro el Cruel he fled to Avignon, where Clement VI made him a Cardinal. He served Pope Innocent III as a successful regent in his defaulting states in Italy, and later took Urban V to Rome. The College of St Clement in Bologna, founded by him in 1364, influenced Spanish studies for two centuries. As a canonist he published "Constituciones Egidianas." His body was conveyed to Spain and buried in the beautiful capilla in Toledo Cathedral. (See Mariana, *Historia de España*, lib. XVI, cap. IX.)

68. **Hermandades.** The three *brotherhoods* seem to be the Knightly Orders of Santiago (founded 1160), Calatrava (1158), and Alcántara (1218).

97. **El Castañar:** a village near Toledo.

139. **San Pablo:** a village near Toledo.

181. **Eternamente:** never. Cf. Lope, *El Abanillo,*
"andan
buscando escudos prestados
y eternamente los hallan."

309. **Índice de piedra:** *piedra imán,* lodestone.

323. **Engarruchar** (from *garrucha,* a pulley): to torment.

328. **Pracer** (coll.), *placer.*

LINE 338. **Juro**: annuity, pension, oath.
402. **Llocida** (coll.), *lucida*.
412. **Só** (coll.), *soy*.
521. **Perdigar**: broil slightly.
535. **Presa**: piece, bit, morsel.
545. **Hacer la razón**: *beber*.
666. **Arrope**: must, mead, syrup, honey syrup.
681. **Vino aloque** (Arabic *jalokí*: light red): light red wine from purple grapes; also clear, light red mixture of red and white wine.
703. **Almodrote de vaca**: sauce, stew.
750. **Calaínos**: a Moor in a Spanish *romance* (in *Cancionero de Romances de Amberes, circa* 1550), who entered France, killed Baldwin, and was killed by Roland; *un cuento de Calaínos* is an unlikely or strange story.
781. **Mamar** (coll.): suck, devour.
781. **Arrugar** (coll.): steal.
790. **Petrina**: *pretina*, belt.
802. **Hacer semana**: to be on duty.
825. **Diamante**: hardest steel.
883. **Sonsería**: *Señoría*.
888. **Abondar** (coll.): please, satisfy.
893. **Estafeta**: courier, post.
923. **Desempachar**: disgorge. Here (coll.), deliberately used for **despachar**. Cf. 1051, where Bras uses the word correctly.
969. **Mondar nísperos**: prune medlars, a foolish operation.
969. **Peto**: breastplate, chest.
980. **Parillo**: *parirlo*.
1277. **Albahaca**: sweet basil.
1278. **Calivaca**: *Caravaca*, a Murcian village where crosses were sold on *romerías*. *La Cruz de Caravaca* (a Greek cross) has four arms of equal length. The term is applied to marks on the palate of those fortunate ones born on Maundy Thursday or Good Friday.
1302. **Burujón**: heap, lump, conglomeration.
1327. **Galleruza**: *gallaruza*, hooded cloak.
1460. **Chantar.** A play of words on *cantar*, sing, chant, and *chantar*, speak plainly.
1590. **Bajárades.** Archaic form of *bajárais*.

LINE 1757. **Faldellín**: underskirt.

1758. **Ruedo**: binding, skirt lining, binding of a skirt.

1780. **Impulso**: *impulsado*.

1801. **Vía**. Seventeenth-century form of *veía*.

2066. **Acudille, amparalle**: *acudirle, ampararle*.

2203. **Albricias**: reward for good news.

2458. **Inundo**: *inundado*.

2460. **Infurto**: p. p. of *enfurtir*, to full cloth. Here "disordered."

2468. **Coluros**: Colures. In astronomy, two imaginary circles which intersect at the Pole.

2488. **Sulco** (coll.): *surco*, furrow.

PERSONAS

DON GARCÍA, *labrador*.
DOÑA BLANCA, *labradora*.
TERESA, *labradora*.
BELARDO, *viejo*.
EL REY.
LA REINA.
DON MENDO.
BRAS.
EL CONDE DE ORGAZ, *viejo*.
TELLO, *criado*.
DOS CABALLEROS.
MÚSICOS y LABRADORES.

DEL REY ABAJO, NINGUNO
EL LABRADOR MAS HONRADO
GARCÍA DEL CASTAÑAR

COMEDIA FAMOSA

DE

DON FRANCISCO DE ROJAS

JORNADA PRIMERA

Sale el REY *con banda roja atravesada, leyendo un memorial, y* DON MENDO

ESCENA I

EL REY, D. MENDO

REY.	Don Mendo, vuestra demanda
	He visto.
MENDO.	Decid querella;
	Que me hagáis, suplico en ella,
	Caballero de la Banda.
	Dos meses ha que otra vez 5
	Esta merced he pedido;
	Diez años os he servido
	En Palacio y otros diez
	En la guerra, que mandáis
	Que esto preceda primero 10
	A quien fuere caballero
	De la insignia que ilustráis.
	Hallo, señor, por mi cuenta,
	Que la puedo conseguir,
	Que, si no, fuera pedir 15

Una merced para afrenta.
　　Respondióme lo vería;
Merezco vuestro favor,
Y está en opinión, señor,
Sin ella la sangre mía.   20

REY.　　　Don Mendo, al Conde llamad.
MENDO.　Y a mi ruego, ¿qué responde?
REY.　　　Está bien; llamad al Conde.
MENDO.　El Conde viene.
REY.　　　　　　　　Apartad.

Sale el CONDE *con un papel*

ESCENA II

EL REY, D. MENDO, EL CONDE

MENDO. (*Ap.*)　Pedí con satisfacción   25
La Banda, y no la pidiera
Si primero no me hiciera
Yo propio mi información.
REY.　　　¿Qué hay de nuevo?
CONDE.　　　　　　　　En Algecira
Temiendo están vuestra espada;   30
Contra vos, el de Granada,
Todo el Africa conspira.
REY.　　　¿Hay dineros?
CONDE.　　　　　　　Reducido
En éste veréis, señor,
El donativo mayor   35
Con que el reino os ha servido.
REY.　　　¿La información cómo está
Que os mandé hacer en secreto,

	Conde, para cierto efeto	
	De don Mendo? ¿Hízose ya?	40
CONDE.	Sí, señor.	
REY.	¿Cómo ha salido?	
	La verdad, ¿qué resultó?	
CONDE.	Que es tan bueno como yo.	
REY.	La gente con que ha servido	
	Mi reino, ¿será bastante	45
	Para aquesta empresa?	
CONDE.	Freno	
	Seréis, Alfonso el Onceno,	
	Con él del moro arrogante.	
REY.	Quiero ver, Conde de Orgaz,	
	A quién deba hacer merced	50
	Por sus servicios. Leed.	
CONDE.	El reino os corone en paz	
	Adonde el Genil felice	
	Arenas de oro reparte.	
REY.	Guárdeos Dios, cristiano Marte.	55
	Leed, don Mendo.	
MENDO.	Así dice:	

" Lo que ofrecen los vasallos
Para la empresa a que aspira
Vuestra Alteza, de Algecira:
En gente, plata y caballos,   60
    Don Gil de Albornoz dará
Diez mil hombres sustentados;
El de Orgaz, dos mil soldados;
El de Astorga llevará
    Cuatro mil; y las ciudades   65
Pagarán diez y seis mil;

Con su gente hasta el Genil
Irán las tres Hermandades
   De Castilla; el de Aguilar,
Con mil caballos ligeros,   70
Mil ducados en dineros;
García del Castañar
   Dará para la jornada
Cien quintales de cecina,
Dos mil fanegas de harina   75
Y cuatro mil de cebada;
   Catorce cubas de vino,
Tres hatos de sus ganados,
Cien infantes alistados,
Cien quintales de tocino;   80
   "Y doy esta poquedad,
Porque el año ha sido corto,
Mas ofrézcole, si importo
También a Su Majestad,
   Un rústico corazón   85
De un hombre de buena ley,
Que, aunque no conoce al Rey,
Conoce su obligación."

REY.   ¡Grande lealtad y riqueza!
MENDO.   Castañar, humilde nombre.   90
REY.   ¿Dónde reside este hombre?
CONDE.   Oiga quién es Vuestra Alteza:
   Cinco leguas de Toledo,
Corte vuestra y patria mía,
Hay una dehesa, adonde   95
Este labrador habita,
Que llaman el Castañar,

Que con los montes confina,
Que de esta imperial de España
Son posesiones antiguas.   100
En ella un convento yace
Al pie de una sierra fría,
Del Caballero de Asís,
De Cristo efigie divina,
Porque es tanta de Francisco   105
La humildad que le entroniza,
Que aun a los pies de una sierra
Sus edificios fabrica.
Un valle el término incluye
De castaños, y apellidan   110
Del Castañar, por el valle,
Al convento y a García,
Adonde, como Abraham,
La caridad ejercita,
Porque en las cosechas andan   115
El cielo y él a porfía.
Junto del convento tiene
Una casa, compartida
En tres partes: una es
De su rústica familia,   120
Copioso albergue de fruto
De la vid y de la oliva,
Tesoro donde se encierra
El grano de las espigas,
Que es la abundancia tan grande   125
Del trigo que Dios le envía,
Que los pósitos de España
Son de sus trojes hormigas;

Es la segunda un jardín,
Cuyas flores, repartidas,   130
Fragrantes estrellas son
De la tierra y del sol hijas,
Tan varias y tan lucientes,
Que parece, cuando brillan,
Que bajó la cuarta esfera   135
Sus estrellas a esta quinta;
Es un cuarto la tercera,
En forma de galería,
Que de jaspes de San Pablo,
Sobre tres arcos estriba;   140
Ilústranle unos balcones
De verde y oro, y encima
Del tejado de pizarras,
Globos de esmeraldas finas.
En él vive con su esposa   145
Blanca, la más dulce vida
Que vió el amor, compitiendo
Sus bienes con sus delicias,
De quien no copio, señor,
La beldad, que el sol envidia,   150
Porque agora no conviene
A la ocasión ni a mis días;
Baste deciros que siendo
Sus riquezas infinitas,
Con su esposa comparadas,   155
Es la menor de sus dichas.
Es un hombre bien dispuesto,
Que continuo se ejercita
En la caza, y tan valiente,

Que vence a un toro en la lidia. 160
Jamás os ha visto el rostro
Y huye de vos, porque afirma
Que es sol el Rey y no tiene
Para tanto rayos vista.
García del Castañar 165
Es éste, y os certifica
Mi fe que, si le lleváis
A la guerra de Algecira,
Que llevéis a vuestro lado
Una prudencia que os rija, 170
Una verdad sin embozo,
Una agudeza advertida,
Un rico sin ambición,
Un parecer sin porfía,
Un valiente sin discurso 175
Y un labrador sin malicia.

REY.   ¡Notable hombre!
CONDE.   Os prometo
Que en él las partes se incluyen,
Que en palacio constituyen
Un caballero perfeto 180
REY.   ¿No me ha visto?
CONDE.   Eternamente.
REY.   Pues yo le tengo de ver:
Dél experiencia he de hacer;
Yo y don Mendo solamente
   Y otros dos, hemos de ir; 185
Pues es el camino breve,
La cetrería se lleve
Por que podamos fingir

Que vamos de caza, que hoy
De esta suerte le he de hablar, 190
Y en llegando al Castañar,
Ninguno dirá quién soy.
¿Qué os parece?

CONDE.   La agudeza
A la ocasión corresponde.

REY.   Prevenid caballos, Conde. 195

CONDE.   Voy a serviros.   (*Vase.*)

ESCENA III

EL REY, D. MENDO, LA REINA

MENDO.   Su Alteza.

REINA.   ¿Dónde, señor?

REY.   A buscar
Un tesoro sepultado
Que el Conde ha manifestado.

REINA.   ¿Lejos?

REY.   En el Castañar. 200

REINA.   ¿Volveréis?

REY.   Luego que ensaye
En el crisol su metal.

REINA.   Es la ausencia grave mal.

REY.   Antes que los montes raye
El sol, volveré, señora, 205
A vivir la esfera mía.

REINA.   Noche es la ausencia.

REY.   Vos, día.

REINA.   Vos, mi sol.

REY.   Y vos, mi aurora. (*Vase la* REINA.)

ESCENA IV

EL REY, D. MENDO

MENDO.   ¿Qué decís a mi demanda?

REY.   De vuestra nobleza estoy   210
           Satisfecho, y pondré hoy
           En vuestro pecho esta banda;
              Que si la doy por honor
           A un hombre indigno, don Mendo,
           Será en su pecho remiendo   215
           Y mudará de color;
              Y al noble seré importuno,
           Si a su desigual permito,
           Porque, si a todos admito,
           No la estimará ninguno.   (*Vanse.*) 220

ESCENA V

GARCÍA

           Fábrica hermosa mía,
           Habitación de un infeliz dichoso,
           Oculto desde el día
           Que el castellano pueblo victorioso,
           Con lealtad oportuna,   225
           Al niño Alfonso coronó en la cuna.
              En ti vivo contento,
           Sin desear la corte o su grandeza,
           Al ministerio atento
           Del campo, donde encubro mi nobleza,   230
           En quien fui peregrino
           Y extraño huésped, y quedé vecino.
              En ti, de bienes rico,

Vivo contento con mi amada esposa,
Cubriendo su pellico   235
Nobleza, aunque ignorada, generosa;
Que, aunque su ser ignoro,
Sé su virtud y su belleza adoro.
    En la casa vivía
De un labrador de Orgaz prudente y cano;   240
Vila, y dejóme un día,
Como suele quedar en el verano,
Del rayo a la violencia,
Ceniza el cuerpo, sana la apariencia.
    Mi mal consulté al Conde,   245
Y asegurando que en mi esposa bella
Sangre ilustre se esconde,
Caséme amante y me ilustré con ella,
Que acudí, como es justo,
Primero a la opinión y luego al gusto.   250
    Vivo en feliz estado,
Aunque no sé quién es, y ella lo ignora,
Secreto reservado
Al Conde, que la estima y que la adora;
Ni jamás ha sabido   255
Que nació noble el que eligió marido
    Mi Blanca, esposa amada,
Que divertida entre sencilla gente,
De su jardín traslada
Puros jazmines a su blanca frente.   260
Mas ya todo me avisa
Que sale Blanca, pues que brota risa.

Salen DOÑA BLANCA, *labradora, con flores,* BRAS, TERESA
y BELARDO, *viejo, y* MÚSICOS PASTORES

ESCENA VI

D. GARCÍA, *músicos*, DOÑA BLANCA, *pastores*, BRAS,
TERESA, BELARDO

MÚSICOS.	*Esta es blanca como el sol,*	
	Que la nieve no.	
	Esta es hermosa y lozana,	265
	Como el sol,	
	Que parece a la mañana,	
	Como el sol,	
	Que aquestos campos alegra,	
	Como el sol,	270
	Con quien es la nieve negra	
	Y del almendro la flor.	
	Esta es blanca como el sol,	
	Que la nieve no.	
GARCÍA.	Esposa, Blanca querida,	275
	Injustos son tus rigores	
	Si por dar vida a las flores	
	Me quitas a mí la vida.	
BLANCA.	Mal daré vida a las flores	
	Cuando pisarlas suceda,	280
	Pues mi vida ausente queda,	
	Adonde animas, amores;	
	Porque así quiero, García,	
	Sabiendo cuánto me quieres,	
	Que si tu vida perdieres,	285
	Puedas vivir con la mía.	
GARCÍA.	No habrá merced que sea mucha,	
	Blanca, ni grande favor	
	Si le mides con mi amor.	

BLANCA.   ¿Tanto me quieres?
GARCÍA.   Escucha: 290
          No quiere el segador al aura fría,
          Ni por abril el agua mis sembrados,
          Ni yerba en mi dehesa mis ganados,
          Ni los pastores la estación umbría,
              Ni el enfermo la alegre luz del día,   295
          La noche los gañanes fatigados,
          Blandas corrientes los amenos prados,
          Más que te quiero, dulce esposa mía;
              Que si hasta hoy su amor desde el primero
          Hombre juntaran, cuando así te ofreces,   300
          En un sujeto a todos los prefiero;
              Y aunque sé, Blanca, que mi fe agradeces,
          Y no puedo querer más que te quiero,
          Aún no te quiero como tú mereces.
BLANCA.   No quieren más las flores al rocío,   305
          Que en los fragrantes vasos el sol bebe;
          Las arboledas la deshecha nieve,
          Que es cima de cristal y después río;
              El índice de piedra al norte frío,
          El caminante al iris cuando llueve,   310
          La obscura noche la traición aleve,
          Más que te quiero, dulce esposo mío;
              Porque es mi amor tan grande, que a tu nombre,
          Como a cosa divina, construyera
          Aras donde adorarle, y no te asombre,   315
              Porque si el ser de Dios no conociera,
          Dejara de adorarte como hombre,
          Y por Dios te adorara y te tuviera.
BRAS.   Pues están Blanca y García,

Como palomos de bien,   320
Resquiebrémonos también,
Porque desde ellotro día
   Tu carilla me engarrucha.

TERESA.   Y a mí tu talle, mi Bras.

BRAS.   ¿Más que te quiero yo más?   325

TERESA.   ¿Más que no?

BRAS.   Teresa, escucha:
Desde que te vi, Teresa,
En el arroyo a pracer,
Ayudándote a torcer
Los manteles de la mesa,   330
   Y torcidos y lavados,
Nos dijo cierto estodiante:
" Así a un pobre pleiteante
Suelen dejar los letrados,"
   Eres de mí tan querida   335
Como lo es de un logrero
La vida de un caballero
Que dió un juro de por vida.

ESCENA VII

Los mismos, TELLO

TELLO.   Envidie, señor García,
Vuestra vida el más dichoso.   340
Sólo en vos reina el reposo.

BLANCA.   ¿Qué hay, Tello?

TELLO.   ¡Oh, señora mía!
¡Oh, Blanca hermosa, de donde
Proceden cuantos jazmines

Dan fragancia a los jardines!   345
Vuestras manos besa el Conde.

BLANCA.   ¿Cómo está el Conde?

TELLO.   Señora,
A vuestro servicio está.

GARCÍA.   Pues, Tello, ¿qué hay por acá?

TELLO.   Escuchad aparte agora.   350
    Hoy, con toda diligencia,
Me mandó que éste os dejase
Y respuesta no esperase.
Con esto, dadme licencia.

GARCÍA.   ¿No descansaréis?

TELLO.   Por vos   355
Me quedara hasta otro día,
Que no han de verme, García,
Los que vienen cerca. Adiós.   (*Vase.*)

ESCENA VIII

Los mismos menos TELLO

GARCÍA.   El sobre escrito es a mí.
¿Mas que me riñe porque   360
Corto el donativo fué
Que hice al Rey? Mas dice así:
    "El Rey, señor don García,
Que su ofrecimiento vió,
Admirado preguntó   365
Quién era vueseñoría.
    Díjele que un labrador
Desengañado y discreto,
Y a examinar va en secreto

Su prudencia y su valor. 370
　No se dé por entendido,
No diga quién es al Rey,
Porque, aunque estime su ley,
Fué de su padre ofendido,
　Y sabe cuánto le enoja 375
Quien su memoria despierta.
Quede a Diós, y el Rey, advierta
Que es el de la banda roja.
　　El Conde de Orgaz, su amigo."
Rey Alfonso, si supieras 380
Quién soy, ¡cómo previnieras
Contra mi sangre el castigo
　De un difunto padre!

BLANCA.　　　　　　　　.........
..........................Esposo,
Silencio y poco reposo, 385
Indicios de triste son.
　　¿Qué tienes?

GARCÍA.　　　　　Mándame, Blanca,
En éste el Conde, que hospede
A unos señores.

BLANCA.　　　　Bien puede,
Pues tiene esta casa franca. 390

BRAS.　　De cuatro rayos con crines,
Generación española,
De unos cometas con cola,
O aves, y al fin rocines,
　Que andan bien y vuelan mal, 395
Cuatro bizarros señores,
Que parecen cazadores,

	Se apean en el portal.	
GARCÍA.	No te des por entendida	
	De que sabemos que vienen.	400
TERESA.	¡Qué lindos talles que tienen!	
BRAS.	¡Pardiez, que es gente llocida!	

Salen el REY *sin banda y* DON MENDO *con
banda y otros dos* CAZADORES

ESCENA IX

Los mismos, EL REY, D. MENDO, *Dos Cazadores*

REY.	Guárdeos Dios, los labradores.	
GARCÍA. (*Ap.*)	(Ya veo al de la divisa.)	
	Caballeros de alta guisa,	405
	Dios os dé bienes y honores.	
	¿Qué mandáis?	
MENDO.	¿Quién es aquí	
	García del Castañar?	
GARCÍA.	Yo soy, a vuestro mandar.	
MENDO.	Galán sois.	
GARCÍA.	Dios me hizo ansí.	410
BRAS.	Mayoral de sus porqueros	
	Só, y porque mucho valgo,	
	Miren si los mando en algo	
	En mi oficio, caballeros,	
	Que lo haré de mala gana,	415
	Como verán por la obra.	
GARCÍA.	¡Quita, bestia!	
BRAS.	El bestia sobra.	
REY.	¡Qué simplicidad tan sana!	
	Guárdeos Dios.	

GARCÍA.   Vuestra persona,
           Aunque vuestro nombre ignoro,   420
           Me aficiona.
BRAS.   Es como un oro;
           A mí también me inficiona.
MENDO.   Llegamos al Castañar
           Volando un cuervo, supimos
           De vuestra casa, y venimos   425
           A verla y a descansar
             Un rato, mientras que pasa
           El sol de aqueste horizonte.
GARCÍA.   Para labrador de un monte
           Grande juzgaréis mi casa;   430
             Y aunque un albergue pequeño
           Para tal gente será,
           Sus defectos suplirá
           La voluntad de su dueño.
MENDO.   ¿Nos conocéis?
GARCÍA.   No, en verdad,   435
           Que nunca de aquí salimos.
MENDO.   En la cámara servimos
           Los cuatro a Su Majestad,
             Para serviros, García.
           ¿Quién es esta labradora?   440
GARCÍA.   Mi mujer.
MENDO.   Gocéis, señora,
           Tan honrada compañía
             Mil años, y el cielo os dé
           Más hijos que vuestras manos
           Arrojen al campo granos.   445
BLANCA.   No serán pocos, a fe.

MENDO.   ¿Cómo es vuestro nombre?
BLANCA.   Blanca.
MENDO.   Con vuestra beldad conviene.
BLANCA.   No puede serlo quien tiene
                La cara a los aires franca.   450
REY.   Yo también, Blanca, deseo
                Que veáis siglos prolijos
                Los dos, y de vuestros hijos
                Veáis más nietos que veo
                    Árboles en vuestra tierra,   455
                Siendo a vuestra sucesión
                Breve para habitación
                Cuanto descubre esa sierra.
BRAS.   No digan más desatinos.
                ¡Qué poco en hablar reparan!   460
                Si todo el campo pobraran,
                ¿Dónde han de estar mis cochinos?
GARCÍA.   Rústico entretenimiento
                Será para vos mi gente;
                Pues la ocasión lo consiente,   465
                Recibid sin cumplimiento
                    Algún regalo en mi casa.
                Tú disponlo, Blanca mía.
MENDO. (Ap.) Llámala fuego, García,
                Pues el corazón me abrasa.   470
REY.   Tan hidalga voluntad
                Es admitirla nobleza.
GARCÍA.   Con esta misma llaneza
                Sirviera a Su Majestad,
                    Que aunque no le he visto, intento   475
                Servirle con afición.

REY.   ¿Para no verle hay razón?
GARCÍA.   ¡Oh, señor, ese es gran cuento!
                 Dejadle para otro día.
              Tú, Blanca, Bras y Teresa,   480
              Id a prevenir la mesa
              Con alguna niñería.   (*Vanse los tres.*)

                         ESCENA X

               EL REY, D. MENDO, D. GARCÍA

REY.   Pues yo sé que el rey Alfonso
              Tiene noticia de vos.
MENDO.   Testigos somos los dos.   485
GARCÍA.   ¿El Rey de un villano intonso?
REY.   Y tanto el servicio admira
              Que hicisteis a su corona,
              Ofreciendo ir en persona
              A la guerra de Algecira,   490
                 Que si la corte seguís,
              Os ha de dar a su lado
              El lugar más envidiado
              De palacio.
GARCÍA.   ¿Qué decís?
                 Más precio entre aquellos cerros   495
              Salir a la primer luz,
              Prevenido el arcabuz,
              Y que levanten mis perros
                 Una banda de perdices,
              Y codicioso en la empresa,   500
              Seguirlas por la dehesa
              Con esperanzas felices

De verlas caer al suelo,
Y cuando son a los ojos
Pardas nubes con pies rojos,   505
Batir sus alas al vuelo
    Y derribar esparcidas
Tres o cuatro, y anhelando
Mirar mis perros buscando
Las que cayeron heridas,   510
    Con mi voz que los provoca,
Y traer las que palpitan
A mis manos, que las quitan
Con su gusto de su boca;
    Levantarlas, ver por dónde   515
Entró entre la pluma el plomo,
Volverme a mi casa, como
Suele de la guerra el Conde
    A Toledo, vencedor;
Pelarlas dentro en mi casa,   520
Perdigarlas en la brasa
Y puestas al asador
    Con seis dedos de un pernil,
Que a cuatro vueltas o tres,
Pastilla de lumbre es   525
Y canela del Brasil;
    Y entregársele a Teresa,
Que con vinagre y aceite
Y pimienta, sin afeite
Las pone en mi limpia mesa,   530
    Donde, en servicio de Dios,
Una yo y otra mi esposa
Nos comemos, que no hay cosa

Como a dos perdices, dos;
   Y levantando una presa,   535
Dársela a Teresa, más
Porque tenga envidia Bras
Que por dársela a Teresa,
   Y arrojar a mis sabuesos
El esqueleto roído,   540
Y oír por tono el crujido
De los dientes y los huesos,
   Y en el cristal transparente
Brindar, y, con mano franca,
Hacer la razón mi Blanca   545
Con el cristal de una fuente;
   Levantar la mesa, dando
Gracias a quien nos envía
El sustento cada día,
Varias cosas platicando;   550
   Que aqueso es el Castañar,
Que en más estimo, señor,
Que cuanta hacienda y honor
Los Reyes me puedan dar.

REY.
   Pues, ¿cómo al Rey ofrecéis   555
Ir en persona a la guerra,
Si amáis tanto vuestra tierra?

GARCÍA.
Perdonad, no lo entendéis.
   El Rey es, de un hombre honrado,
En necesidad sabida,   560
De la hacienda y de la vida
Acreedor privilegiado.
   Agora, con pecho ardiente,
Se parte al Andalucía

Para extirpar la herejía   565
Sin dineros y sin gente;
  Así la envié a ofrecer
Mi vida, sin ambición,
Por cumplir mi obligación
Y porque me ha menester;   570
  Que, como hacienda debida,
Al Rey le ofrecí de nuevo
Esta vida que le debo,
Sin esperar que la pida.

REY.   Pues, concluída la guerra,   575
  ¿No os quedaréis en palacio?

GARCÍA.   Vívese aquí más de espacio,
Es más segura esta tierra.

REY.   Posible es que os ofrezca
El Rey lugar soberano.   580

GARCÍA.   ¿Y es bien que le dé a un villano
El lugar que otro merezca?

REY.   Elegir el Rey amigo
Es distributiva ley.
Bien puede.

GARCÍA.   Aunque pueda, el Rey   585
No lo acabará conmigo,
  Que es peligrosa amistad
Y sé que no me conviene,
Que a quien ama es el que tiene
Más poca seguridad;   590
  Que por acá siempre he oído
Que vive más arriesgado
El hombre del Rey amado
Que quien es aborrecido.

	Porque el uno se confía	595
	Y el otro se guarda dél.	
	Tuve yo un padre muy fiel,	
	Que muchas veces decía,	
	Dándome buenos consejos,	
	Que tenía certidumbre	600
	Que era el Rey como la lumbre:	
	Que calentaba de lejos	
	Y desde cerca quemaba.	
REY.	También dicen más de dos	
	Que suele hacer, como Dios,	605
	Del lodo que se pisaba,	
	Un hombre ilustrado, a quien	
	Le venere el más bizarro.	
GARCÍA.	Muchos le han hecho de barro	
	Y le han deshecho también.	610
REY.	Sería el hombre imperfeto.	
GARCÍA.	Sea imperfeto o no sea,	
	El Rey, a quien no desea,	
	¿Qué puede darle, en efeto?	
REY.	Daraos premios.	
GARCÍA.	Y castigos.	615
REY.	Daraos gobierno.	
GARCÍA.	Y cuidados.	
REY.	Daraos bienes.	
GARCÍA.	Envidiados.	
REY.	Daraos favor.	
GARCÍA.	Y enemigos.	
	Y no os tenéis que cansar,	
	Que yo sé no me conviene	620
	Ni daré por cuanto tiene	

Un dedo del Castañar.

Esto sin que un punto ofenda
A sus reales resplandores;
Mas lo que importa, señores,   625
Es prevenir la merienda.   (*Vase.*)

ESCENA XI

EL REY, D. MENDO

REY. (*Ap.*) Poco el Conde lo encarece:
Más es de lo que pensaba.
MENDO. La casa es bella.
REY.   Extremada.
¿Cuál lo mejor os parece?   630
MENDO.   Si ha de decir la fe mía
La verdad a Vuestra Alteza,
Me parece la belleza
De la mujer de García.
REY.   Es hermosa.
MENDO.   ¡Es celestial;   635
Es ángel de nieve pura!
REY.   ¿Ese es amor?
MENDO.   La hermosura
¿A quién le parece mal?
REY.   Cubríos, Mendo. ¿Qué hacéis?
Que quiero en la soledad   640
Deponer la majestad.
MENDO.   Mucho, Alfonso, recogéis
Vuestros rayos, satisfecho
Que sois por fe venerado,
Tanto, que os habéis quitado   645

La roja banda del pecho
Para encubriros y dar
Aliento nuevo a mis bríos.

REY.   No nos conozcan, cubríos,
Que importa disimular.   650

MENDO.   Rico hombre soy, y de hoy más.
Grande es bien que por vos quede.

REY.   Pues ya lo dije, no puede
Volver mi palabra atrás.

ESCENA XII

EL REY, D. MENDO, DOÑA BLANCA

BLANCA.   Entrad, si queréis, señores,   655
Merendar, que ya os espera
Como una primavera,
La mesa llena de flores.

MENDO.   ¿Y qué tenéis que nos dar?

BLANCA.   ¿Para qué saberlo quieren?   660
Comerán lo que les dieren,
Pues que no lo han de pagar,
O quedaránse en ayunas;
Mas nunca faltan, señores,
En casa de labradores,   665
Queso, arrope y aceitunas,
Y blanco pan les prometo,
Que amasamos yo y Teresa,
Que pan blanco y limpia mesa,
Abren las ganas a un muerto;   670
También hay de las tempranas
Uvas de un majuelo mío,

Y en blanca miel de rocío,
Berenjenas toledanas;
   Perdices en escabeche,   675
Y de un jabalí, aunque fea,
Una cabeza en jalea,
Por que toda se aproveche;
   Cocido en vino un jamón
Y un chorizo que provoque   680
A que con el vino aloque,
Hagan todos la razón;
   Dos ánades y cecinas
Cuantas los montes ofrecen,
Cuyas hebras me parecen   685
Deshojadas clavellinas,
   Que cuando vienen a estar
Cada una de por sí,
Como seda carmesí,
Se pueden al torno hilar.   690

REY.   Vamos, Blanca.
BLANCA.   Hidalgos, ea,
Merienden, y buena pro.

Vanse el REY *y los dos* CAZADORES

ESCENA XIII

D. MENDO, DOÑA BLANCA

MENDO.   Labradora, ¿quién te vió
Que amante no te desea?
BLANCA.   Venid y callad, señor.   695
MENDO.   Cuanto previenes trocara
A un plato que sazonara

En tu voluntad amor.

BLANCA.   Pues decidme, cortesano,
El que trae la banda roja: 700
¿Qué en mi casa se os antoja
Para guisarle?

MENDO.   Tu mano.

BLANCA.   Una mano de almodrote
De vaca os sabrá más bien;
Guarde Dios mi mano, amén   705
No se os antoje [en] jigote,
          Que harán, si la tienen gana,
Y no hay quien los replique,
Que se pique y se repique
La mano de una villana,   710
          Para que un señor la coma.

MENDO.   La voluntad la sazone
Para mis labios.

BLANCA.   Perdone;
Bien está San Pedro en Roma.
          Y si no lo habéis sabido,   715
Sabed, señor, en mi trato,
Que sólo sirve ese plato
Al gusto de mi marido,
          Y me lo paga muy bien,
Sin lisonjas ni rodeos.   720

MENDO.   Yo, con mi estado y deseos,
Te lo pagaré también.

BLANCA.   En mejor mercadería
Gastad los intentos vanos,
Que no comprarán gitanos   725
A la mujer de García,

	Que es muy ruda y montaraz.	
MENDO.	Y bella como una flor.	
BLANCA.	¿Que de dónde soy, señor?	
	Para serviros, de Orgaz.	730
MENDO.	Que eres del cielo sospecho,	
	Y en el rigor, de la sierra.	
BLANCA.	¿Son bobas la de mi tierra?	
	Merendad, y buen provecho.	
MENDO.	¿No me entiendes, Blanca mía?	735
BLANCA.	Bien entiendo vuestra trova,	
	Que no es del todo boba	
	La de Orgaz, por vida mía.	
MENDO.	Pues por tus ojos amados	
	Que has de oírme, la de Orgaz.	740
BLANCA.	Tengamos la fiesta en paz;	
	Entrad ya, que están sentados,	
	Y tened más cortesía.	
MENDO.	Tú, menos riguridad.	
BLANCA.	Si no queréis, aguardad.	745
	¡Ah, marido! ¡Hola, García!	

ESCENA XIV

D. MENDO, DOÑA BLANCA, D. GARCÍA

GARCÍA.	¿Qué queréis, ojos divinos?	
BLANCA.	Haced al señor entrar,	
	Que no quiere hasta acabar	
	Un cuento de Calaínos.	750
GARCÍA. (*Ap.*)	¡Si el cuento fuera de amor	
	Del Rey, que Blanca me dice,	
	Para ser siempre infelice!	

Mas si viene a darme honor
   Alfonso, no puede ser: 755
Cuando no de mi linaje,
Se me ha pegado del traje
La malicia y proceder.
   Sin duda no quiere entrar
Por no estar con sus criados   760
En una mesa sentados;
Quiéroselo suplicar
   De manera que no entienda
Que le conozco. Señor,
Entrad y haréisme favor,   765
Y alcanzad de la merienda
   Un bocado, que os le dan
Con voluntad y sin paga,
Y mejor provecho os haga
Que no el bocado de Adán.   770

Sale BRAS *y saca algo de comer y un jarro cubierto*

ESCENA XV

Los mismos, BRAS

BRAS.   Un caballero me envía
            A decir como os espera.
MENDO.   ¿Cómo, Blanca, eres tan fiera?   (*Vase.*)
BLANCA.   Así me quiere García.

ESCENA XVI

DOÑA BLANCA, D. GARCÍA, BRAS

GARCÍA.   ¿Es el cuento?
BLANCA.   Proceder   775

En él quiere pertinaz;
Mas déjala a la de Orgaz,
Que ella sabrá responder.   (*Vanse.*)

ESCENA XVII
BRAS

BRAS.   Todos están en la mesa;
Quiero, a solas y sentado,   780
Mamarme lo que he arrugado,
Sin que me viese Teresa.
    ¡Qué bien que se satisface
Un hombre sin compañía!
Bebed, Bras, por vida mía.   785
(*Dentro.*)   Bebed vos.
BRAS.   ¿Yo? Que me place.
REY. (*Dentro.*) Caballeros, ya declina
El sol al mar Oceano.

Salen todos

ESCENA XVIII
EL REY, D. GARCÍA, D. MENDO, DOÑA BLANCA,
Dos Caballeros

GARCÍA.   Comed más, que aún es temprano,
Ensanchad bien la petrina.   790
REY.   Quieren estos caballeros
Un ave, en la tierra rasa,
Volarla.
GARCÍA.   Pues a mi casa
Os volved.
REY.   Obedeceros
No es posible.

GARCÍA.
> Cama blanda   795
> Ofrezco a todos, señores,
> Y con almohadas de flores,
> Sábanas nuevas de Holanda.

REY.
> Vuestro gusto fuera ley,
> García, mas no podemos,   800
> Que desde mañana hacemos
> Los cuatro semana al Rey,
> Y es fuerza estar en palacio.
> Blanca, adiós; adiós, García.

GARCÍA.
> El cielo os guarde.

REY.
> Otro día   805
> Hablaremos más despacio.   (*Vase.*)

ESCENA XIX

D. GARCÍA, DOÑA BLANCA, D. MENDO

MENDO.
> Labradora, hermosa mía,
> Ten de mi dolor memoria.

BLANCA.
> Caballero, aquesa historia
> Se ha de tratar con García.   810

GARCÍA.
> ¿Qué decís?

MENDO.
> Que dé a los dos
> El cielo vida y contento.   (*Vase.*)

BLANCA.
> Adiós, señor, el del cuento.

MENDO.
> (¡Muerto voy!) Adiós.

GARCÍA.
> Adiós.
> Y tú, bella como el cielo,   815
> Ven al jardín, que convida
> Con dulce paz a mi vida,
> Sin consumirla el anhelo

Del pretendiente que aguarda
El mal seguro favor,   820
La sequedad del señor,
Ni la provisión que tarda,
   Ni la esperanza que yerra,
Ni la ambición arrogante
Del que armado de diamante,   825
Busca al contrario en la guerra,
   Ni por los mares el Norte,
Que envidia pudiera dar
A cuantos del Castañar
Van esta tarde a la corte.   830
   Mas por tus divinos ojos,
Adorada Blanca mía,
Que es hoy el primero día
Que he tropezado en enojos.

BLANCA.   ¿De que son tus descontentos?   835
GARCÍA.   Del cuento del cortesano.
BLANCA.   Vamos al jardín, hermano,
               Que esos son cuentos de cuentos.

JORNADA SEGUNDA

ESCENA I

LA REINA, EL CONDE

REINA.   Vuestra extraña relación
               Me ha enternecido, y prometo   840
               Que he de alcanzar, con efeto,
               Para los dos el perdón:

Porque de Blanca y García
Me ha encarecido Su Alteza,
En el uno, la belleza,   845
Y en otro, la gallardía.
    Y pues que los dos se unieron,
Con sucesos tan prolijos,
Como los padres, los hijos
Con una estrella nacieron.   850

CONDE.   Del Conde nadie concuerda
Bien en la conspiración;
Salió al fin de la prisión,
Y don Sancho de la Cerda
    Huyó con Blanca, que era   855
De dos años a ocasión
Que era yo contra Aragón
General de la frontera,
    Donde el Cerda, con su hija,
Se pretendió asegurar,   860
Y en un pequeño lugar,
Con la jornada prolija,
    Adoleció de tal suerte,
Que aunque le acudí en secreto,
En dos días, en efeto,   865
Cobró el tributo la muerte.
    Hícele dar sepultura
Con silencio, y apiadado,
Mandé que a Orgaz un soldado
La inocente criatura   870
    Llevase, y un labrador
La crió, hasta que un día
La casaron con García

	Mis consejos y su amor,	

Mis consejos y su amor,
   Que quiso, sin duda alguna,   875
El cielo que ambos se viesen,
Y de los padres tuviesen
Junta la sangre y fortuna.

REINA.   Yo os prometo de alcanzar
El perdón.

ESCENA II

LA REINA, EL CONDE, BRAS

BRAS.   Buscandolé,   880
¡Pardiobre!, que me colé,
Como fraile, sin llamar.
    Topéle: su sonsería
Me dé las manos y pies.

CONDE.   Bien venido, Bras.

REINA.   ¿Quién es?   885

CONDE.   Un criado de García.

REINA.   Llegad.

BRAS.   ¡Qué brava hermosura!
Esta sí que el ojo abonda;
Pero si vos sois la Conda,
Tendréis muy mala ventura.   890

CONDE.   ¿Y qué hay por allá, mancebo?

BRAS.   Como al Castañar no van
Estafetas de Milán,
No he sabido qué hay de nuevo.
    Y por acá, ¿qué hay de guerra?   895

CONDE.   Juntando dineros voy.

BRAS.   De buena gana los doy

Por gozar en paz mi tierra;
　Porque el corazón me ensancha,
Cuando duermo más seguro   900
Que en Flandes detrás de un muro,
En un carro de la Mancha.

REINA.　　　Escribe bien, breve y grave.
CONDE.　　Es sabio.
REINA.　　　　　　A mi parecer,
Más es que serlo, tener   905
Quien en palacio le alabe.

ESCENA III

LA REINA, EL CONDE, BRAS, D. MENDO

MENDO.　　Su Alteza espera.
REINA.　　　　　　　Muy bien
La banda está en vuestro pecho.   (*Vase.*)
MENDO.　　Por vos, Su Alteza me ha hecho
Aquesta honra.
CONDE.　　　　　　También   910
Tuve parte en esta acción.
MENDO.　　Vos me disteis esta banda,
Que mía fué la demanda
Y vuestra la información.
　　　Ayer con Su Alteza fuí,   915
Y dióme esta insignia, Conde,
Yendo al Castañar. (*Ap.*) (Adonde
Libre fuí y otro volví.)

ESCENA IV

Los mismos, TELLO

TELLO.	El Rey llama.
CONDE.	Espera, Bras.
BRAS.	El billorete leed.

920

CONDE.	Este hombre entretened
	Mientras vuelvo.
BRAS.	Estoy de más;
	Desempechadme temprano,
	Que el palacio y los olores
	Se hicieron para señores,

925

No para un tosco villano.

CONDE. Ya vuelvo. (*Vanse el* CONDE *y* TELLO.)

ESCENA V

D. MENDO, BRAS

MENDO. (*Ap.*) Conocer quiero
Este hombre.

BRAS. ¿No hay habrar?
¿Cómo fué en el Castañar
Ayer tarde, caballero?

930

MENDO. (*Ap.*) Daré a tus aras mil veces
Holocaustos, dios de amor,
Pues en este labrador
Remedio a mi mal ofreces.

¡Ay, Blanca! ¡Con qué de enojos
Me tienes! ¡Con qué pesar!
¡Nunca fuera al Castañar!
¡Nunca te vieran mis ojos!

935

¡Pluguiera a Dios que, primero
Que fuera Alfonso a tu tierra,   940
Muerte me diera en la guerra
El corvo africano acero!

   ¡Pluguiera a Dios, labrador,
Que al áspid fiero y hermoso
Que sirves, y cauteloso   945
Fué causa de mi dolor,

   Sirviera yo, y mis Estados
Te diera, la renta mía,
Que por ver a Blanca un día,
Fuera a aguardar sus ganados!   950

BRAS.   ¿Qué diabros tiene, señor,
Que salta, brinca y recula?
Sin duda la tarantúla
Le ha picado, o tiene amor.

MENDO. (*Ap.*)   (Amor, pues norte me das,   955
De éste tengo de saber
Si a Blanca la podré ver.)
¿Cómo te llamas?

BRAS.   ¿Yo? Bras.

MENDO.   ¿De dónde eres?

BRAS.   De la villa
De Ajofrín, si sirvo en algo.   960

MENDO.   ¿Y eres muy gentil hidalgo?

BRAS.   De los Brases de Castilla.

MENDO.   Ya lo sé.

BRAS.   Decís verdad,
Que só antiguo, aunque no rico,
Pues vengo de un villancico   965
Del día de Navidad.

MENDO.   Buen talle tienes.

BRAS.   Bizarro;
Mire qué pie tan perfeto.
¿Monda nísperos el peto?
Y estos ojuelos, ¿son barro?   970

MENDO.   ¿Y eres muy discreto, Bras?

BRAS.   En eso soy extremado,
Porque cualquiera cuitado
Presumo que sabe más.

MENDO.   ¿Quieres servirme en la corte,   975
Y verás cuánto te precio?

BRAS.   Caballero, aunque só necio,
Razonamientos acorte,
      Y si algo quiere mandarme,
Acabe ya de parillo.   980

MENDO.   Toma, Bras, este bolsillo.

BRAS.   Mas, ¡par Dios! ¿Quiere burlarme?
A ver, acerque la mano.

MENDO.   Escudos son.

BRAS.   Yo lo creo;
Mas por no engañarme, veo   985
Si está por de dentro vano;
      Dinero es, y de ello infiero
Que algo pretende que haga,
Porque el hablar bien se paga.

MENDO.   Sólo que me digas quiero   990
      Si ver podré a tu señora.

BRAS.   ¿Para malo o para bueno?

MENDO.   Para decirla que peno
Y que el corazón la adora.

BRAS.   ¡Lástima os tengo, así viva.   995

Por lo que tengo en el pecho,
Y aunque rudo, amor me ha hecho
El mío como una criba!
    Yo os quiero dar una traza
Que de provecho será: 1000
Aquestas noches se va
Mi amo García a caza
    De jabalíes; vestida
Le aguarda sin prevención,
Y si entráis por un balcón,   1005
La hallaréis medio dormida,
    Porque hasta el alba le espera;
Y esto muchas veces pasa
A quien deja hermosa en casa
Y busca en otra una fiera.   1010

MENDO.   ¿Me engañas?

BRAS.   Cosa es tan cierta,
Que de noche, en ocasiones,
Suelo entrar por los balcones
Por no llamar a la puerta
    Ni que Teresa me abra,   1015
Y por la honda, que deja
Puesta Belardo en la reja,
Trepando voy como cabra,
    Y la hallo sin embarazo,
Sola, esperando a García,   1020
Porque le aguarda hasta el día
Recostada sobre el brazo.

MENDO.   En ti el amor me promete
Remedio.

BRAS.   Pues esto haga.

MENDO.	Yo te ofrezco mayor paga.	1025
BRAS.	Esto no es ser alcagüete.	(*Aparte.*)
MENDO.	Blanca, esta noche he de entrar	(*Aparte.*)

A verte, a fe de español,
Que, para llegar al sol,
Las nubes se han de escalar.   (*Vase.*)   1030

ESCENA VI

BRAS, EL REY, EL CONDE

REY.
El hombre es tal, que prometo
Que con vuestra aprobación
He de llevarle a esta acción
Y ennoblecerle.

CONDE.
             Es discreto
Y valiente; en él están,   1035
Sin duda, resplandecientes
Las virtudes convenientes
Para hacerle capitán;
    Que yo sé que suplirá
La falta de la experiencia   1040
Su valor y su prudencia.

REY.
Mi gente lo acetará,
    Pues vuestro valor le abona.
Y sabe de vuestra ley
Que sin méritos, al Rey   1045
No le proponéis persona;
    Traedle mañana, Conde.   (*Vase.*)

ESCENA VII

BRAS, EL CONDE

CONDE. (*Ap.*) Yo sé que aunque os acuitéis,
Que en la ocasión publiquéis
La sangre que en vos se esconde. 1050
BRAS. Despachadme, pues, que no,
Señor, otra cosa espero.
CONDE. Que se recibió el dinero
Que al donativo ofreció,
Le decid, Bras, a García, 1055
Y podéis ir con esto,
Que yo le veré muy presto
O responderé otro día. (*Vase.*)
BRAS. No llevo cosa que importe;
Sobre tardanza prolija, 1060
Largo parto y parir hija,
Propio despacho de corte. (*Vase.*)

ESCENA VIII

Sale DON GARCÍA, *de cazador, con un puñal y un arcabuz*

GARCÍA

Bosques míos, frondosos,
De día alegres, cuanto tenebrosos,
Mientras baña Morfeo 1065
La noche con las aguas de Leteo,
Hasta que sale de Faetón la esposa
Coronada de plumas y de rosa;
En vosotros dotrina
Allá sobre quien Marte predomina, 1070

Disponiendo sangriento
A mayores contiendas el aliento;
Porque furor influye
La caza, que a la guerra sostituye.
Yo soy el vivo rayo   1075
Feroz de vuestras fieras, que me ensayo
Para ser, con la sangre que me inspira,
Rayo del Castañar en Algecira;
Criado en vuestras grutas y campañas,
Alcides español de estas montañas,   1080
Que contra seis tiranos,
Clava es cualquiera dedo de mis manos,
Siendo por mí esta vera
Pródiga en carnes, abundante en cera;
Vengador de sus robos,   1085
Parca común de osos y de lobos,
Que por mí el cabritillo y simple oveja
Del montañés pirata no se queja,
Y cuando embiste airado
A devorar el tímido ganado,   1090
Si me arrojo al combate.
Ocioso el can en la palestra late.
Que durmiendo entre flores,
En mi valor fiados los pastores,
Cuando abre el sol sus ojos,   1095
Desperezados ya los miembros flojos,
Cuando al ganado asisto,
Cuando al corsario embisto,
Pisan, difunta la voraz caterva,
Más lobos sus abarcas que no yerba.   1100
¿Qué colmenar copioso

No demuele defensas contra el oso,
Fabricando sin muros
Dulce y blanco licor en nichos puros?
Que por esto han tenido,   1105
Gracias al plomo a tiempo compelido,
En sus cotos amenos,
Un enemigo las abejas menos.
Que cuando el sol acaba,
Y en el postrero parasismo estaba,   1110
A dos colmenas que robado había,
Las caló dentro de una fuente fría,
Ahogando en sus cristales
Las abejas que obraron sus panales,
Para engullir segura   1115
La miel que mixturó en el agua pura,
Y dejó, bien que turbia, su corriente,
El agua dulce de esta clara fuente.
Y esta noche, bajando
Un jabalí aqueste arroyo blando,   1120
Y cristalino cebo,
Con la luz que mendiga Cintia a Febo,
Le miré cara a cara,
Haciéndose lugar entre la jara,
Despejando la senda sus cuchillos   1125
De marfil o de acero sus colmillos;
Pero a una bala presta,
La luz condujo a penetrar la testa,
Oyendo el valle, a un tiempo repetidos,
De la pólvora el eco y los bramidos.   1130
Los dos serán trofeos
Pendientes en mis puertas, aunque feos,

Después que Blanca, con su breve planta,
Su cerviz pise, y por ventura tanta,
Dirán: [ni] aun en la muerte   1135
Tiene el cadáver de un dichoso suerte,
Que en la ocasión más dura,
A las fieras no falta la ventura.
Mas el rumor me avisa
Que un jabalí desciende; con gran prisa   1140
Vuelve huyendo; habrá oído
Algún rumor distante su sentido,
Porque en distancia larga
Oye calar al arcabuz la carga,
Y esparcidas las puntas   1145
Que sobre el cerro acumulaba juntas,
Si oye la bala o menear la cuerda,
Es ala, cuando huye, cada cerda.

ESCENA IX

D. GARCÍA, MENDO, *un criado con una escala*

MENDO.   ¿Para esto, amor tirano,
             Del cerco toledano   1150
             Al monte me trajiste,
             Para perderme en su maleza triste?
             Mas ¿qué esperar podía
             Ciego, que a un ciego le eligió por guía?
             Una escala previne, con intento,   1155
             Blanca, de penetrar tu firmamento,
             Y lo mismo emprendiera,
             Si fueras diosa en la tonante esfera,
             No montañesa ruda

	Sin honor, sin esposo que te acuda,	1160
	Que en este loco abismo	
	Intentara lo mismo	
	Si fueras, Blanca bella,	
	Como naciste humana, pura estrella,	
	Bien que a la tierra bien que al cielo sumo,	1165
	Bajara en polvo y ascendiera en humo.	
GARCÍA.	Llegó primero al animal valiente	
	Que a mi sentido el ruido de esta gente.	
MENDO.	En esta luna de octubre	
	Suelen salir cazadores	1170
	A esperar los jabalíes.	
	Quiero llamar: ¡Ah, del monte!	
CRIADO.	¡Hola! ¡Hao!	
GARCÍA.	¡Pesia sus vidas!	
	¿Qué buscan? ¿De qué dan voces?	
MENDO.	El sitio del Castañar	1175
	¿Está lejos?	
GARCÍA.	En dos trotes	
	Se pueden poner en él.	
MENDO.	Pasábamos a los montes	
	Y el camino hemos perdido.	
GARCÍA.	Aquese arroyuelo corre	1180
	Al camino.	
MENDO.	¿Qué hora es?	
GARCÍA.	Poco menos de las doce.	
MENDO.	¿De dónde sois?	
GARCÍA.	Del Infierno.	
	Id en buen hora, señores,	
	No me espantéis más la caza,	1185
	Que me enojaré. ¡Pardiobre!	

MENDO.	La luna, ¿hasta cuándo dura?
GARCÍA.	Hasta que se acaba.
MENDO.	¡Oye

MENDO.   ¡Oye
Lo que es villano en el campo!
GARCÍA.   Lo que un señor en la corte.   1190
MENDO.   Y en efeto, ¿hay dónde errar?
GARCÍA.   Y en efeto, ¿no se acogen?
MENDO.   Terrible sois.
GARCÍA.   Mal sabéis
Lo que es estorbar a un hombre
En ocasión semejante.   1195
MENDO.   ¿Quién sois?
GARCÍA.   Rayo de estos montes:
García del Castañar,
Que nunca niego mi nombre.
MENDO. (*Ap.*) (Amor, pues estás piadoso,
Deténle, porque no estorbe   1200
Mis deseos, y en su casa
Mis esperanzas malogre,
Y para que a Blanca vea,
Dame tus alas veloces,
Para que más presto llegue.)   1205
Quedaos con Dios.   (*Vase.*)
GARCÍA.   Buenas noches.
Bizarra ocasión perdí;
Imposible es que la cobre.
Quiero volverme a mi casa
Por el atajo del monte,   1210
Y pues ya me voy, oíd
De grutas partos feroces:
Salid y bajad al valle,

Vivid en paz esta noche,
Que vuestro mayor opuesto   1215
A su casa se va, adonde
Dormirá, no en duras peñas,
Sino en blandos algodones;
Y depuesta la fiereza,
Tan trocadas mis acciones,   1220
En los brazos de mi esposa
Verá el Argos de la noche
Y el Polifemo del día,
Si las observan feroces
Y tiernas, que en este pecho   1225
Se ocultan dos corazones:
El uno de blanda cera,
El otro de duro bronce;
El blando para mi casa,
El duro para estos montes.   (*Vase.*)   1230

ESCENA X

DOÑA BLANCA, TERESA, *y después* BELARDO

Sale DOÑA BLANCA *y* TERESA *con una bujía, y pónela
encima de un bufete que habrá*

BLANCA.   Corre veloz, noche fría,
Porque venga con la aurora
Del campo, donde está ahora,
A descansar mi García;
Su luz anticipe el día,   1235
    El cielo se desabroche,
Salga Faetón en su coche,
Verá su luz deseada

La primer enamorada
Que ha aborrecido la noche.   1240
TERESA.   Mejor, señora, acostada
Esperarás a tu ausente,
Porque asientan lindamente
Sobre la holanda delgada
    Los brazos, que ¡por el Credo!   1245
Que aunque fuera mi marido
Bras, que tampoco ha venido
De la ciudad de Toledo,
    Que le esperara roncando.
BLANCA.   Tengo más obligaciones.   1250
TERESA.   Y le echara a mojicones
Si no se entrara callando;
    Mas si has de esperar que venga
Mi señor, no estés en pie;
Yo a Belardo llamaré   1255
Que tu desvelo entretenga;
    Mas él viene.

Sale BELARDO

BELARDO.   Pues al sol
Veo de noche brillar,
El sitio del Castañar
Es antípoda español.   1260
BLANCA.   Belardo, sentaos.
BELARDO.   Señora,
Acostaos.
BLANCA.   En esta calma,
Dormir un cuerpo sin alma
Fuera no esperar la aurora.

BELARDO.   ¿Esperáis?

BLANCA.   Al alma mía.   1265

BELARDO.   Por muy necia la condeno,
               Pues se va al monte sereno
               Y os deja hasta que es de día.

BRAS. (*Dentro.*) *Sí, vengo de Toledo,*
                 Teresa mía;   1270
                 Sí, vengo de Toledo,
                 Y no de Francia.

TERESA.   Mas ya viene mi garzón.

BELARDO.   A abrirle la puerta iré.

TERESA.   Con tu licencia sabré   1275
               Qué me trae, por el balcón.

BRAS.   Que si buena es la albahaca,
               Mejor es la cruz de Calivaca.

Ha de haber unas puertas como de balcón, que estén hacia
dentro, y abre TERESA

ESCENA XI

DOÑA BLANCA, TERESA, BELARDO, BRAS

TERESA.   ¿Cómo vienes, Bras?

BRAS.   Andando.

TERESA.   ¿Qué me traes de la ciudad   1280
               En muestras de voluntad?

BRAS.   Yo te lo diré cantando:
                 Tráigote de Toledo,
               Porque te alegres,
               Un galán, mi Teresa,   1285
               Como unas nueces.

TERESA.	¡Llévele el diablo mil veces; Ved qué sartal o corpiño!

(Cierra juntando el balcón)

BLANCA.   ¿Qué te trae?

TERESA.   Muy lindo aliño:
Un galán como unas nueces.   1290

BLANCA.   Será sabroso.

BRAS.   ¿Qué hay,
Blanca? Teresa, ¡estoy muerto!
¿Qué? ¿No me abrazas?

TERESA.   Por cierto,
Por las cosas que me tray.

BRAS.   Dimuños sois las mujeres.   1295
¿A quién quieres más?

TERESA.   A Bras.

BRAS.   Pues si lo que quieres más
Te traigo, ¿qué es lo que quieres?

BLANCA.   Teresa tiene razón.
Mas sentaos todos, y di: 1300
¿Qué viste en Toledo?

BRAS.   Vi
De casas un burujón
    Y mucha gente holgazana,
Y en calles buenas y ruines,
La basura a celemines,   1305
Y el cielo por cerbatana;
    Y dicen que hay infinitos
Desdenes en caras buenas;
En verano berenjenas
Y en el otoño mosquitos.   1310

BLANCA.	¿No hay más nuevas en la corte?
BRAS.	Sátiras pide el deseo
	Malicioso, ya lo veo,
	Mas mi pluma no es de corte.

        Con otras cosas, señora,   1315
Os divertid hasta el alba,
Que al ausente Dios le salva.

BLANCA.   Pues el que acertare ahora
        Este enigma de los tres,
Daré un vestido de paño,   1320
Y el de grana que hice hogaño,
A Teresa; digo, pues:
        ¿Cuál es el ave sin madre
Que al padre no puede ver,
Ni al hijo, y le vino a hacer   1325
Después de muerto su padre?

BRAS.   ¿Polainas y galleruza
Ha de tener?

BLANCA.   Claro es.
Digan en rueda los tres.

TERESA.   El cuclillo.

BRAS.   La lechuza.   1330

BELARDO.   No hay ave a quien mejor cuadre
Que el fénix, ni otra ser puede,
Pues esa misma procede
De las cenizas del padre.

BLANCA.   El fénix es.

BELARDO.   Yo gané.   1335

BRAS.   Yo perdí, como otras veces.

BLANCA.   No te doy lo que mereces.

BRAS.   Un gorrino le daré

A quien dijere el más caro
Vicio que hay en el mundo.   1340

BLANCA.   En que es el juego me fundo.

BRAS.   Mentís, Branca, y esto es craro.

TERESA.   El de las mujeres, digo
Que es más costoso.

BRAS.   Mentís.
Vos, Belardo, ¿qué decís?   1345

BELARDO.   Que el hombre de caza, amigo,
Tiene el de más perdición,
Más costoso y infelice;
La moralidad lo dice
Del suceso de Acteón.   1350

BRAS.   Mentís también, que a mi juicio,
Sin quedar de ello dudoso,
Es el vicio más costoso
El del borracho, que es vicio
Con quien ninguno compite;   1355
Que si pobre viene a ser
De lo que gastó en beber,
No puede tener desquite.

(*Silba* DON GARCÍA)

BLANCA.   Oye, Bras; amigos, ¡ea!
Abrid, que es el alma mía;   1360
Temprano viene García;
Quiere Dios que por bien sea.   (*Vanse.*)

ESCENA XII

D. GARCÍA, DOÑA BLANCA, TERESA, BRAS

GARCÍA. (*Dentro.*) Buenas noches, gente fiel.

BRAS.   Seáis, señor, bien venido.

Sale DON GARCÍA, BRAS, TERESA *y* BLANCA, *y arrima*
DON GARCÍA *el arcabuz al bufete*

GARCÍA.   ¿Cómo en Toledo te ha ido?   1365

BRAS.   Al Conde di tu papel,
       Y dijo respondería.

GARCÍA.   Está bien. Esposa amada,
       ¿No estáis mejor acostada?
       ¿Qué esperáis?

BLANCA.   Que venga el día.   1370
       Esperar como solía
         A su cazador la diosa,
       Madre de amor cuidadosa,
       Cuando dejaba los lazos
       Y hallaba en sus tiernos brazos   1375
       Otra cárcel más hermosa,
         Vínculo de amor estrecho
       Donde yacía su bien,
       A quien dió parte también
       Del alma, como del lecho;   1380
       Mas yo, con mejor derecho,
         Cazador que al otro excedes,
       Haré de mis brazos redes,
       Y por que caigas, pondré
       De una tórtola la fe,   1385
       Cuyo llanto excusar puedes.

Llega, que en llanto amoroso,
No rebelde jabalí,
Te consagro un ave, sí,
Que lloraba por su esposo.   1390
Concédete generoso
    A vínculos permitidos,
Y escucharán tus oídos
En la palestra de pluma,
Arrullos blandos, en suma,   1395
Y no en el monte bramidos.
    Que si bien estar pudiera
Quejosa de que te alejes
De noche, y mis brazos dejes
Por esperar una fiera,   1400
Adórote de manera,
    Que aunque propongo a mis ojos
Quejas y tiernos despojos,
Cuando vuelves de esta suerte,
Por el contento de verte   1405
Te agradezco los enojos.

GARCÍA.   Blanca, hermosa Blanca, rama
Llena por mayo de flor,
Que es con tu bello color
Etíope Guadarrama;   1410
Blanca, con quien es la llama
    Del rojo planeta obscura,
Y herido de su luz pura,
El terso cristal pizarra,
Que eres la acción más bizarra   1415
Del poder de la hermosura;
    Cuando alguna conveniencia

Me aparte y quejosa quedes,
No más dolor darme puedes
Que el que padezco en tu ausencia;   1420
Cuando vuelvo a tu presencia,
    De dejarte arrepentido,
En vano el pecho ofendido
Me recibiera terrible,
Que en la gloria no es posible   1425
Atormentar al sentido.

    Las almas en nuestros brazos
Vivan heridas y estrechas,
Ya con repetidas flechas,
Ya con recíprocos lazos;   1430
No se tejan con abrazos
    La vid, y el olmo frondoso,
Más estrechos que tu esposo
Y tú, Blanca; llega, amor,
Que no hay contento mayor   1435
Que rogar a un deseoso.

    Y aunque no te traigo aquí,
Del sol a la hurtada luz,
Herido con mi arcabuz
El cerdoso jabalí,   1440
Ni el oso ladrón, que vi
    Hurtar del corto vergel
Dos repúblicas de miel,
Y después, a pocos pasos,
En el humor de sus vasos   1445
Bañar el hocico y piel,
    Te traigo para trofeos
De jabalíes y osos,

Por lo bien trabado, hermosos
Y distintamente feos,   1450
Un alma, y muchos deseos
   Para alfombras de tus pies;
Y me parece que es,
Cuando tus méritos toco,
Cuanto os he contado, poco,   1455
Como es poco cuanto ves.

BRAS.   ¿Teresa allí? ¡Vive Dios!
TERESA.   Pues aquí, ¿quién vive, Bras?
BRAS.   Aquí vive Barrabás,
Hasta que chante a los dos   1460
Las bendiciones el cura;
   Porque un casado, aunque pena,
Con lo que otro se condena,
Su salvación asegura.

TERESA.   ¿Con qué?
BRAS.   Con tener amor   1465
A su mujer y aumentar.
TERESA.   Eso, Bras, es trabajar
En la viña del Señor.

BLANCA.   Desnudaos, que en tanto quiero
Preveniros, prenda amada,   1470
Ropa por mi mano hilada,
Que huele más que el romero;
   Y os juro que es más sutil
Que ser la de Holanda suele,
Porque cuando a limpia huele,   1475
No ha menester al abril.
   Venid los dos.   (*Vase.*)

ESCENA XIII

D. GARCÍA, TERESA, BRAS

BRAS.　　　　　　　Siempre he oído
Que suele echarse de ver
El amor de la mujer
En la ropa del marido.　　　　　　1480

TERESA.　　　También en la sierra es fama
Que amor ni honra no tiene
Quien va a la corte y se viene
Sin joyas para su dama.　　　(*Vanse.*)

ESCENA XIV

GARCÍA.

Envídienme en mi estado　　　　　　1485
Las ricas y ambiciosas majestades,
Mi bienaventurado
Albergue, de delicias coronado,
Y rico de verdades;
Envidien las deidades,　　　　　　1490
Profanas y ambiciosas,
Mi venturoso empleo;
Envidien codiciosas,

.　　.　　.　　.　　.

Que cuando a Blanca veo,　　　　　　1495
Su beldad pone límite al deseo.
¡Válgame el cielo! ¿Qué miro?

Sale DON MENDO *abriendo el balcón de golpe y embózase*

ESCENA XV

D. GARCÍA, D. MENDO

MENDO. (*Ap.*) ¡Vive Dios, que es el que veo
García del Castañar!
¡Valor, corazón! Ya es hecho.   1500
Quien de un villano confía
No espere mejor suceso.

GARCÍA.   Hidalgo, si serlo puede
Quien de acción tan baja es dueño,
Si alguna necesidad   1505
A robarme os ha dispuesto,
Decidme lo que queréis,
Que por quien soy os prometo
Que de mi casa volváis
Por mi mano satisfecho.   1510

MENDO.   Dejadme volver, García.

GARCÍA.   Eso no, porque primero
He de conocer quién sois;
Y descubríos muy presto,
U de este arcabuz la bala   1515
Penetrará vuestro pecho.

MENDO.   Pues advertid no me erréis,
Que si con vos igual quedo,
Lo que en razón me lleváis,
En sangre y valor os llevo.   1520

(*Ap.*) (Yo sé que el Conde de Orgaz
Lo ha dicho a alguno en secreto,
Informándole de mí.)

> La banda que cruza el pecho,
> De quien soy, testigo sea.   1525

(Cáesele el arcabuz a don García)

GARCÍA. *(Ap.)* El Rey es ¡válgame el Cielo!
Y que le conozco sabe;
Honor y lealtad, ¿qué haremos?
¡Qué contradicción implica
La lealtad con el remedio!   1530

MENDO. *(Ap.)* (¡Qué propia acción de villano!
Temor me tiene o respeto,
Aunque para un hombre humilde
Bastaba sólo mi esfuerzo;
El que encareció el de Orgaz   1535
Por valiente. ...¡Al fin, es viejo!)
En vuestra casa me halláis,
Ni huír ni negarlo puedo,
Mas en ella entré esta noche...

GARCÍA. A hurtarme el honor que tengo.   1540
¡Muy bien pagáis, a mi fe,
El hospedaje, por cierto,
Que os hicimos Blanca y yo!
Ved qué contrarios efetos
Verá entre los dos el mundo,   1545
Pues yo, ofendido os venero,
Y vos, de mi fe servido,
Me dais agravios por premios!

MENDO. *(Ap.)* No hay que fiar de un villano
Ofendido, pues que puedo,   1550
Me defenderé con éste. *(Alzando el arcabuz)*

GARCÍA. ¿Qué hacéis? Dejad en el suelo

El arcabuz, y advertid
Que os lo estorbo, porque quiero
No atribuyáis a ventaja   1555
El fin de aqueste suceso,
Que para mí basta sólo
La banda de vuestro cuello,
Cinta del sol de Castilla,
A cuya luz estoy ciego.   1560

MENDO   ¿Al fin me habéis conocido?
GARCÍA.   Miradlo por los efectos.
MENDO.   Pues quien nace como yo
             No satisface, ¿qué haremos?
GARCÍA.   Que os vais, y rogad a Dios   1565
             Que enfrene vuestros deseos;
             Y al Castañar no volváis,
             Que de vuestros desaciertos
             No puedo tomar venganza,
             Sino remitirla al cielo.   1570
MENDO.   Yo lo pagaré, García.
GARCÍA.   No quiero favores vuestros.
MENDO.   No sepa el Conde de Orgaz
             Esta acción.
GARCÍA.   Yo os lo prometo.
MENDO.   Quedad con Dios.
GARCÍA.   El os guarde   1575
             Y a mí de vuestros intentos
             Y a Blanca.
MENDO.   Vuestra mujer...
GARCÍA.   No, señor, no habléis en eso,
             Que vuestra será la culpa.
             Yo sé la mujer que tengo.   1580

MENDO. (*Ap.*) ¡Ay, Blanca, sin vida estoy!
                ¡Qué dos contrarios opuestos!
                Este me estima ofendido;
                Tú, adorándote, me has muerto.
GARCÍA.   ¿Adónde vais?
MENDO.   A la puerta.   1585
GARCÍA.   ¡Qué ciego venís, qué ciego!
                Por aquí habéis de salir.
MENDO.   ¿Conocéisme?
GARCÍA.   Yo os prometo
                Que a no conocer quien sois
                Que bajárades más presto;   1590
                Mas tomad este arcabuz
                Agora, porque os advierto
                Que hay en el monte ladrones
                Y que podrán ofenderos
                Si, como yo, no os conocen.   1595
                Bajad aprisa. (*Ap.*) No quiero
                Que sepa Blanca este caso.
MENDO.   Razón es obedeceros.
GARCÍA.   Aprisa, aprisa, señor;
                Remitid los cumplimientos,   1600
                Y mirad que al decender
                No caigáis, porque no quiero
                Que tropecéis en mi casa,
                Porque de ella os vayáis más presto.
MENDO. (*Ap.*) ¡Muerto voy!   (*Vase.*)
GARCÍA.   Bajad seguro,   1605
                Pues que yo la escala os tengo.

ESCENA XVI

GARCÍA

¡Cansada estabas, Fortuna,
De estarte fija un momento!
¡Qué vuelta diste tan fiera
En aqueste mar! ¡Qué presto   1610
Que se han trocado los aires!
¡En qué día tan sereno
Contra mi seguridad
Fulmina rayos el cielo!
Ciertas mis desdichas son,   1615
Pues no dudo lo que veo,
Que a Blanca, mi esposa, busca
El rey Alfonso encubierto.
¡Qué desdichado que soy,
Pues altamente naciendo   1620
En Castilla Conde, fuí
De aquestos montes plebeyo
Labrador, y desde hoy
A estado más vil desciendo!
¿Así paga el rey Alfonso   1625
Los servicios que le he hecho?
Mas desdicha será mía,
No culpa suya; callemos,
Y afligido corazón,
Prevengamos el remedio,   1630
Que para animosas almas
Son las penas y los riesgos.
Mudemos tierra con Blanca,
Sagrado sea otro reino

De su inocencia y mi honor;   1635
Pero dirán que es de miedo,
Pues no he de decir la causa,
Y que me faltó el esfuerzo
Para ir contra Algecira.
Es verdad. Mejor acuerdo   1640
Es decir al Rey quién soy;
Mas no, García, no es bueno,
Que te quitará la vida,
Por que no estorbe su intento;
Pero si Blanca es la causa   1645
Y resistirle no puedo,
Que las pasiones de un Rey
No se sujetan al freno
Ni a la razón, ¡muera Blanca!

(Saca el puñal)

Pues es causa de mis riesgos   1650
Y deshonor, y elijamos,
Corazón, del mal lo menos.
A muerte te ha condenado
Mi honor, cuando no mis celos,
Porque a costa de tu vida,   1655
De una infamia me prevengo.
Perdóname, Blanca mía,
Que, aunque de culpa te absuelvo,
Sólo por razón de estado,
A la muerte te condeno.   1660
Mas ¿es bien que conveniencias
De estado en un caballero,
Contra una inocente vida

Puedan más que no el derecho?
Sí. ¿Cuándo la Providencia   1665
Y cuándo el discurso atento
Miran el daño futuro
Por los presentes sucesos?
Mas ¿yo he de ser, Blanca mía,
Tan bárbaro y tan severo,   1670
Que he de sacar los claveles
Con aquéste de tu pecho
De jazmines? No es posible,
Blanca hermosa, no lo creo,
Ni podrá romper mi mano   1675
De mis ojos el espejo.
Mas ¿de su beldad, ahora
Que me va el honor, me acuerdo?
¡Muera Blanca y muera yo!
¡Valor, corazón! Y entremos   1680
En una a quitar dos vidas,
En uno a pasar dos pechos,
En una a sacar dos almas,
En uno a cortar dos cuellos,
Si no me falta el valor,   1685
Si no desmaya el aliento,
Y si no, al alzar los brazos,
Entre la voz y el silencio,
La sangre falta a las venas
Y el corte le falta al hierro.   1690

JORNADA TERCERA

Sale el CONDE *de camino*

ESCENA I

EL CONDE, TELLO

CONDE.

    Trae los caballos de la rienda, Tello,
Que a pie quiero gozar del día bello,
Pues tomó de este monte,
El día posesión de este horizonte.
¡Qué campo deleitoso!   1695
Tú que le vives, morarás dichoso,
Pues en él, don García,
Dotrina das a la filosofía,
Y la mujer más cuerda,
Blanca en virtud, en apellido Cerda;   1700
Pero si no me miente
La vista, sale apresuradamente,
Con señas celestiales,
De entre aquellos jarales,
Una mujer desnuda: 1705
Bella será si es infeliz, sin duda.

Sale DOÑA BLANCA *con algo de sus vestidos en
los brazos, mal puesto*

ESCENA II

EL CONDE, DOÑA BLANCA

BLANCA.

    ¿Dónde voy sin aliento,
Cansada, sin amparo, sin intento,
Entre aquesta espesura?

B

Llorad, ojos, llorad mi desventura,   1710
Y en tanto que me visto,
Decid, pues no resisto,
Lenguas del corazón sin alegría,
¡Ay, dulces prendas cuando Dios quería!

CONDE.   Aunque mal determino,   1715
Parece que se viste, y imagino
Que está turbada y sola;
De la sangre española
Digna empresa es aquesta.

BLANCA.   Un hombre para mí la planta apresta.   1720

CONDE.   Parece hermosa dama.

BLANCA.   Quiero esconderme entre la verde rama.

CONDE.   Mujer, escucha, tente.
¿Sales, como Diana, de la fuente
Para matar, severa,   1725
De amor al cazador como a la fiera?

BLANCA.   Mas ¡ay, suerte dichosa!
Éste es el Conde.

CONDE.   ¡Hija, Blanca hermosa!
¿Dónde vas de esta suerte?

BLANCA.   Huyendo de mi esposo y de mi muerte,   1730
Ya las dulces canciones
Que en tanto que dormía en mis balcones,
Alternaban las aves,
No son ¡oh Conde! epitalamios graves.
Serán, ¡oh, dueño mío!,   1735
De pájaro funesto agüero impío,
Que el día entero y que las noches todas
Cante mi muerte por cantar mis bodas.
Trocóse mi ventura;

Oye la causa y presto te asegura, 1740
Y ve a mi casa, adonde
Muerto hallarás mi esposo ¡muerto, Conde!
Aquesta noche, cuando
Le aguardaba mi amor en lecho blando,
Último del deseo, 1745
Término santo y templo de Himeneo,
Cuando yo le invocaba,
Y la familia recogida estaba,
Entrar le vi severo,
Blandiendo contra mí un blanco acero; 1750
Dejé entonces la cama,
Como quien sale de improvisa llama,
Y mis vestidos busco,
Y al ponerme, me ofusco
Esta cota brillante. 1755
¡Mira qué fuerte peto de diamante!
Vístome el faldellín, y apenas puedo
Hallar las cintas ni salir del ruedo.
Pero, sin compostura,
Le aplico a mi cintura, 1760
Y mientras le acomodo,
Lugar me dió la suspensión a todo.
La causa le pregunto,
Mas él, casi difunto,
A cuanto vió, y a cuanto le decía, 1765
Con un suspiro ardiente respondía,
Lanzando de su pecho y de sus ojos
Piedades confundidas con enojos,
Tan juntos, que dudaba
Si eran iras o amor lo que miraba, 1770

Pues de mí retirado,
Le vi volver más tierno, más airado,
Diciéndome, entre fiero y entre amante:
"Tú, Blanca, has de morir, y yo al instante."
Mas el brazo levanta,   1775
Y abortando su voz en su garganta,
Cuando mi fin recelo,
Caer le vi en el suelo,
Cual suele el risco cano,
Del aire impulso decender al llano,   1780
Y yerto en él, y mudo,
De aquel monte membrudo,
Suceder en sus labios y en sus ojos
Pálidas flores a claveles rojos,
Y con mi boca y mi turbada mano   1785
Busco el calor entre su hielo en vano,
Y estuve de esta suerte
Neutral un rato entre la vida y muerte;
Hasta que ya latiendo,
Oí mi corazón estar diciendo: 1790
"Vete, Blanca, infelice,
        .   .   .   .   .   .
Que no son siempre iguales
Los bienes y los males,
Y no hay acción alguna   1795
Más vil que sujetarse a la Fortuna."
Yo le obedezco, y dejo
Mi aposento y mi esposo, y de él me alejo,
Y en mis brazos, sin bríos,
Mal acomodo los vestidos míos.   1800
Por donde voy no vía,

Cada paso caía,
Y era, Conde, forzoso,
Por volver a mirar mi amado esposo.
Las cosas que me dijo   1805
Cuando la muerte intimó y predijo,
Los llantos, los clamores,
La blandura mezclada con rigores,
Los acometimientos, los retiros,
Las disputas, las dudas, los suspiros,   1810
El verle amante y fiero,
Ya derribarse el brazo, ya severo
Levantarle arrogante,
Como la llama en su postrero instante,
El templar sus enojos   1815
Con llanto de mis ojos,
El luchar, y no en vano,
Con su puñal mi mano,
Que con arte consiente
Vencerse fácilmente,   1820
Como amante que niega
Lo que desea dar a quien le ruega;
El esperar mi pecho
El crudo golpe, en lágrimas deshecho;
Ver aquel mundo breve,   1825
Que en fuego comenzó y acabó nieve,
Y verme a mí asombrada,
Sin determinación, sola y turbada,
Sin encontrar recurso
En mis pies, en mi mano, en mi discurso;   1830
El dejarle en la tierra,
Como suele en la sierra

La destroncada encina,
El que oyó de su guarda la bocina,
Que deja al enemigo,   1835
Desierto el tronco en quien buscaba abrigo;
El buscar de mis puertas,
Con las plantas inciertas,
Las llaves, cuando siento...
(Aquí, señor, me ha de faltar aliento)...   1840
El abrirlas a escuras,
El no poder hallar las cerraduras,
Tan turbada y sin juicio,
Que la buscaba de uno en otro quicio,
Y las penas que pasa   1845
El corazón, cuando dejé mi casa,
Por estas espesuras,
En cuyas ramas duras
Hallarás mis cabellos...
¡Pluguiera a Dios me suspendiera en ellos!...   1850
Te contaré otro día;
Agora ve, socorre al alma mía,
Que queda de este modo;
Yo lo perdono todo,
Que no es, señor, posible   1855
Fuese su brazo contra mí terrible
Sin algún fundamento;
Bástele por castigo el mismo intento,
Y a mí por pena básteme el cuidado,
Pues yace, si no muerto, desmayado.   1860
Acúdele a mi esposo,
¡Oh, Conde valeroso!
Sucesor y pariente

De tanta, con diadema, honrada frente;
Así la blanca plata   1865
Que por tu grave pecho se dilata,
Barra de España las moriscas huellas,
Sin dejar en su suelo señal de ellas,
Que los pasos dirijas
Adonde, si está vivo, le corrijas   1870
De fiereza tan dura,
Y seas, porque cobre mi ventura
Cuando de mí te informe,
Árbitro entre los dos que nos conforme;
Pues los hados fatales   1875
Me dieron el remedio entre los males,
Pues mi fortuna quiso
Hallase en ti favor, amparo, aviso;
Pues que miran mis ojos,
No salteadores de quien ser despojos;   1880
Pues eres, Conde ilustre,
Gloria de Illán y de Toledo lustre;
Pues que plugo a mi suerte
La vida hallase quien tocó la muerte.

CONDE.   Digno es el caso de prudencia mucha: 1885
Éste es mi parecer. ¡Ah, Tello! Escucha.

ESCENA III

EL CONDE, DOÑA BLANCA, TELLO

CONDE.   Ya sabes, Blanca, como siempre es justo
Acudas a mi gusto;
Así, sin replicarme,
Con Tello al punto, sin excusas darme,   1890

En aqueste caballo, que lealmente
A mi persona sirve, juntamente
Caminad a Toledo;
Esto conviene, Blanca, esto hacer puedo.
Y tú, a palacio llega, (*a Tello*)   1895
A la Reina la entrega,
Que yo voy a tu casa,
Que por llegar el corazón se abrasa,
Y he de estar de tu parte.
Para servirte, Blanca, y ampararte.   1900

TELLO. Vamos, señora mía.
BLANCA. Más quisiera, señor, ver a García.
CONDE. Que aquesto importa advierte.
BLANCA. Principio es de acertar, obedecerte.

Vanse, y sale DON GARCÍA *con el puñal desnudo*

ESCENA IV
D. GARCIA, *y después* EL CONDE

GARCÍA.   ¿Dónde voy, ciego homicida?   1905
¿Dónde me llevas, honor,
Sin el alma de mi amor,
Sin el cuerpo de mi vida?
Adiós, mitad dividida
          Del alma, sol que eclipsó   1910
Una sombra! Pero no,
Que muerta la esposa mía,
Ni tuviera luz el día
Ni tuviera vida yo.
          ¿Blanca muerta? No lo creo;   1915
El cielo vida la dé,
Aunque esposo la quité

Lo que amante la deseo;
Quiero verla, pero veo
    Sólo el retrete, y abierta   1920
De mi aposento la puerta,
Limpio en mi mano el puñal,
Y en fin, yo vivo, señal
De que mi esposa no es muerta.
    ¿Blanca con vida, ¡ay de mí!   1925
Cuando yo sin honra estoy?
¡Como ciego amante soy,
Esposo cobarde fuí!
Al Rey en mi casa vi
    Buscando mi prenda hermosa,   1930
Y aunque noble, fué forzosa
Obligación de la ley
Ser piadoso con el Rey
Y tirano con mi esposa.
    ¡Cuántas veces fué tirano   1935
Acero a la ejecución,
Y cuántas el corazón
Dispensó el golpe a la mano!
Si es muerta, morir es llano;
    Si vive, muerto he de ser.   1940
¡Blanca, Blanca! ¿Qué he de hacer?
Mas, ¿qué me puedes decir,
Pues sólo para morir
Me has dejado en qué escoger?

Sale el CONDE

CONDE.   Dígame vueseñoría: 1945
    ¿Contra qué morisco alfanje

Sacó el puñal esta noche,
Que está en su mano cobarde?
¿Contra una flaca mujer,
Por presumir, ignorante,   1950
Que es villana? Bien se acuerda,
Cuando propuso casarse,
Que le dije era su igual,
Y mentí, porque un Infante
De los Cerdas fué su abuelo,   1955
Si Conde su noble padre.
¿Y con una labradora
Se afrentara? ¡Cómo sabe
Que el Rey ha venido a verle,
Y por mi voto le hace   1960
Capitán de aquesta guerra,
Y me envía de su parte
A que lo lleve a Toledo!...
¿Es bien que aquesto se pague
Con su muerte, siendo Blanca   1965
Luz de mis ojos brillante?
Pues ¡vive Dios! que le había
De costar al loco, al fácil,
Cuanta sangre hay en sus venas
Una gota de su sangre.   1970

GARCÍA.   Decidme: Blanca, ¿quién es?
CONDE.   Su mujer, y aquesto baste.
GARCÍA.   Reportaos. ¿Quién os ha dicho
             Que quise matarla?
CONDE.   Un ángel
             Que hallé desnudo en el monte; 1975
             Blanca, que, entre sus jarales,

Perlas daba a los arroyos,
Tristes suspiros al aire.

GARCÍA. ¿Dónde está Blanca?

CONDE.   A palacio,
Esfera de su real sangre,   1980
La envié con un criado.

GARCÍA. ¡Matadme, señor; matadme!
¡Blanca en palacio y yo vivo!
Agravios, honor, pesares,
¿Cómo, si sois tantos juntos,   1985
No me acaban tantos males?
¿Mi esposa en palacio, Conde?
¿Y el Rey, que los cielos guarden,
Me envía contra Algecira
Por Capitán de sus haces,   1990
Siendo en su opinión villano?
¡Quiera Dios que en otra parte
No desdore con afrentas
Estas honras que me hace!
Yo me holgara, a Dios pluguiera,   1995
Que esa mujer que criasteis
En Orgaz para mi muerte,
No fuera de estirpes reales,
Sino villana y no hermosa,
Y a Dios pluguiera que antes   2000
Que mi pecho enterneciera,
Aqueste puñal infame
Su corazón, con mi riesgo,
Le dividiera en dos partes;
Que yo os excusara, Conde,   2005
El vengarla y el matarme,

Muriéndome yo primero.
¡Qué muerte tan agradable
Hubiera sido, y no agora
Oír, para atormentarme,   2010
Que está sin defensa adonde
Todo el poder la combate!
Haced cuenta que mi esposa
Es una bizarra nave
Que por robarla, la busca   2015
El pirata de los mares,
Y en los enemigos puertos
Se entró, cuando vigilante
En los propios la buscaba,
Sin pertrechos que la guarden,   2020
Sin piloto que la rija
Y sin timón y sin mástil.
No es mucho que tema, Conde,
Que se sujete la nave
Por fuerza o por voluntad   2025
Al Capitán que la bate.
No quise, por ser humilde,
Darla muerte ni fué en balde;
Creed que, aunque no la digo,
Fué causa más importante.   2030
No puedo decir por qué,
Mas advertid que más sabe,
Que el entendido en la ajena,
En su casa el ignorante.

CONDE.   ¿Sabe quién soy?
GARCÍA.   Sois Toledo,   2035
Y sois Illán por linaje.

CONDE.	¿Débeme respeto?
GARCÍA.	Sí,
	Que os he tenido por padre.
CONDE.	¿Soy tu amigo?
GARCÍA.	Claro está.
CONDE.	¿Qué me debe?
GARCÍA.	Cosas grandes. 2040
CONDE.	¿Sabe mi verdad?
GARCÍA.	Es mucha.
CONDE.	¿Y mi valor?
GARCÍA.	Es notable.
CONDE.	¿Sabe que presido a un reino?
GARCÍA.	Con aprobación bastante.
CONDE.	Pues confiesa lo que siente, 2045
	Y puede de mí fiarse
	El valor de un caballero
	Tan afligido y tan grave;
	Dígame vueseñoría,
	Hijo, amigo, como padre, 2050
	Como amigo, sus enojos;
	Cuénteme todos sus males;
	Refiérame sus desdichas.
	¿Teme que Blanca le agravie?
	Que es, aunque noble, mujer. 2055
GARCÍA.	¡Vive Dios, Conde, que os mate
	Si pensáis que el sol ni el oro,
	En sus últimos quilates,
	Para exagerar su honor,
	Es comparación bastante! 2060
CONDE.	Aunque habla como debe,
	Mi duda no satisface,

Por su dolor regulada.
Solos estamos, acabe;
Por la cruz de aquesta espada   2065
He de acudille, amparalle,
Si fuera Blanca mi hija,
Que en materia semejante
Por su honra depondré
El amor y las piedades.   2070
Dígame si tiene celos.

GARCÍA. No tengo celos de nadie.

CONDE. Pues, ¿qué tiene?

GARCÍA.   Tanto mal,
Que no podéis remedialle.

CONDE. Pues ¿qué hemos de hacer los dos   2075
En tan apretado lance?

GARCÍA. ¿No manda el Rey que a Toledo
Me llevéis? Conde, llevadme.
Mas decid: ¿sabe quién soy
Su Majestad?

CONDE.   No lo sabe.   2080

GARCÍA. Pues vamos, Conde, a Toledo.

CONDE. Vamos, García.

GARCÍA.   Id delante.

CONDE. (*Ap.*) Tu honor y vida amenaza,
Blanca, silencio tan grande,
Que es peligroso accidente   2085
Mal que a los labios no sale.

GARCÍA. (*Ap.*) ¿No estás en palacio, Blanca?
¿No te fuiste, y me dejaste?
Pues venganza será ahora
La que fué prevención antes. (*Vanse.*) 2090

ESCENA V

LA REINA, DOÑA BLANCA

REINA.   De vuestro amparo me obligo
                  Y creedme que me pesa
                  De vuestros males, Condesa.

BLANCA. (*Ap.*) (¿Condesa? No habla conmigo.)
                  Mire Vuestra Majestad   2095
                  Que de quien soy no se acuerda.

REINA.   Doña Blanca de la Cerda,
                  Prima, mis brazos tomad.

BLANCA.   Aunque escuchándola estoy,
                  Y sé no puede mentir,   2100
                  Vuelvo, señora, a decir
                  Que una labradora soy,
                      Tan humilde, que en la villa
                  De Orgaz, pobre me crié,
                  Sin padre.

REINA.   Y padre que fué   2105
                  Propuesto Rey en Castilla.
                      De don Sancho de la Cerda
                  Sois hija; vuestro marido
                  Es, Blanca, tan bien nacido
                  Como vos, y pues sois cuerda,   2110
                      Y en palacio habéis de estar,
                  En tanto que vuelve el Conde,
                  No digáis quién sois, y adonde
                  Ha de ser voy a ordenar.   (*Vase.*)

ESCENA VI

DOÑA BLANCA

¿Habrá alguna, cielo injusto,   2115
A quien dé el hado cruel
Los males tan de tropel,
Y los bienes tan sin gusto
    Como a mí? ¿Ni podrá estar
Viva con mal tan exento,   2120
Que no da vida un contento
Y da la muerte un pesar?
    ¡Ay, esposo, qué de enojos
Me debes! Mas pesar tanto,
¿Cómo lo dicen sin llanto   2125
El corazón y los ojos?

Pone un lienzo en el rostro y sale MENDO

ESCENA VII

DOÑA BLANCA, MENDO

MENDO.   Labradora que al abril
Florido en la gala imita,
De los bellos ojos quita
Ese nublado sutil,   2130
Si no es que, con perlas mil,
    Bordas, llorando, la holanda.
¿Quién eres? La Reina manda
Que te guarde, y ya te espero.
BLANCA.   Vamos, señor caballero,   2135
El que trae la roja banda.
MENDO.   Bella labradora mía,

¿Conócesme acaso?

BLANCA.   Sí;
Pero tal estoy, que a mí
Apenas me conocía.   2140

MENDO.   Desde que te vi aquel día
        Cruel para mí, señora,
        El corazón, que te adora,
        Ponerse a tus pies procura.

BLANCA. (*Ap.*) ¡Sólo aquesta desventura,   2145
        Blanca, te faltaba ahora!

MENDO.   Anoche en tu casa entré
        Con alas de amor por verte;
        Mudaste mi feliz suerte,
        Mas no se mudó mi fe;   2150
        Tu esposo en ella encontré,
        Que cortés, me resistió.

BLANCA.   ¿Cómo? ¿Qué dices?

MENDO.   Que no,
        Blanca, la ventura halla
        Amante que va a buscalla,   2155
        Sino acaso, como yo.

BLANCA.   Ahora sé, caballero,
        Que vuestros locos antojos
        Son causa de mis enojos,
        Que sufrir y callar quiero.   2160

ESCENA VIII

DOÑA BLANCA, D. MENDO, D. GARCÍA

GARCÍA. (*Ap.*) Al Conde de Orgaz espero.
        Mas, ¿qué miro?

MENDO.   Tu dolor

Satisfaré con amor.

BLANCA.　　Antes quitaréis primero
La autoridad a un lucero,　　　　　　　2165
Que no la luz a mi honor.

GARCÍA. (*Ap.*)　¡Ah, valerosa mujer!
¡Oh, tirana Majestad!

MENDO.　　Ten, Blanca, menos crueldad.

BLANCA.　　Tengo esposo.

MENDO.　　　　　　　Y yo poder,　　　　2170
Y mejores han de ser
Mis brazos que honra te dan
Que no sus brazos.

BLANCA.　　　　　　　Si harán,
Porque, bien o mal nacido,
El más indigno marido　　　　　　　　2175
Excede al mejor galán.

GARCÍA. (*Ap.*)　Mas, ¿cómo puede sufrir
Un caballero esta ofensa?
Que no le conozco piensa
El Rey; saldréle a impedir.　　　　　　2180

MENDO.　　¿Cómo te has de resistir?

BLANCA.　　Con firme valor.

MENDO.　　　　　　　¿Quién vió
Tanta dureza?

BLANCA.　　　　　Quien dió
Fama a Roma en las edades.

MENDO.　　¡Oh, qué villanas crueldades!　　2185
¿Quién puede impedirme?

GARCÍA.　　　　　　　　Yo,
Que esto sólo se permite
A mi estado y desconsuelo,

Que contra rayos del cielo,
Ningún humano compite;   2190
Y sé que aunque solicite
   El remedio que procuro,
Ni puedo ni me aseguro,
Que aquí, contra mi rigor,
Ha puesto el muro el amor,   2195
Y aquí el respeto otro muro.

BLANCA.   ¡Esposo mío, García!

MENDO. (*Ap.*) Disimular es cordura.

GARCÍA.   ¡Oh, malograda hermosura!
        ¡Oh, poderosa porfía!   2200

BLANCA.   ¡Grande fué la dicha mía!

GARCÍA.   ¡Mi desdicha fué mayor!

BLANCA.   Albricias pido a mi amor.

GARCÍA.   Venganza pido a los cielos,
Pues en mis penas y celos   2205
No halla remedio el honor;
      Mas éste remedio tiene:
Vamos, Blanca, al Castañar.

MENDO.   En mi poder ha de estar
Mientras otra cosa ordene,   2210
Que me han dicho que conviene
      A la quietud de los dos
El guardarla.

GARCÍA.   Guárdeos Dios
Por la merced que la hacéis;
Mas no es justo vos guardéis   2215
Lo que he de guardar de vos;
      Que no es razón natural,
Ni se ha visto ni se ha usado,

Que guarde el lobo al ganado
Ni guarde el oso al panal.   2220
Antes, señor, por mi mal
    Será, si a Blanca no os quito,
Siendo de vuestro apetito,
Oso ciego, voraz lobo,
O convidar con el robo   2225
O rogar con el delito.

BLANCA.   Dadme licencia, señor.
MENDO.   Estás, Blanca, por mi cuenta,
Y no has de irte.
GARCÍA.   Esta afrenta
No os la merece mi amor.   2230
MENDO.   Esto ha de ser.
GARCÍA.   Es rigor
Que de injusticia procede.
MENDO. (*Ap.*) (Para que en palacio quede
A la Reina he de acudir.)
De aquí no habéis de salir;   2235
Ved que lo manda quien puede.   (*Vase.*)

ESCENA IX

DOÑA BLANCA, D. GARCÍA

GARCÍA.   Denme los cielos paciencia,
Pues ya me falta el valor,
Porque acudiendo a mi honor
Me resisto a la obediencia.   2240
¿Quién vió tan dura inclemencia?
    Volved a ser homicida
Mas del cuerpo dividida

El alma, siempre inmortales
Serán mis penas, que hay males   2245
Que no acaban con la vida.

BLANCA.   García, guárdete el cielo;
Fénix, vive eternamente
Y muera yo, que inocente
Doy la causa a tu desvelo;   2250
Que llevaré por consuelo,
     Pues de tu gusto procede
Mi muerte; tú vive, y quede
Viva en tu pecho al partirme.

GARCÍA.   ¿Qué, en efeto, no he de irme?   2255
No, que lo manda quien puede.

BLANCA.   Vuelve, si tu enojo es
Porque rompiendo tus lazos
La vida no di a tus brazos;
Ya te la ofrezco a tus pies.   2260
Ya sé quién eres, y pues
     Tu honra está asegurada
Con mi muerte, en tu alentada
Mano blasone tu acero,
Que aseguró a un caballero   2265
Y mató a una desdichada;
     Que quiero que me des muerte
Como lo ruego a tu mano,
Que si te temí tirano,
Ya te solicito fuerte;   2270
Anoche temí perderte,
     Y agora llego a sentir
Tu pena; no has de vivir
Sin honor, y pues yo muero

Porque vivas, sólo quiero   2275
Que me agradezcas morir.

GARCÍA.   Bien sé que inocente estás,
Y en vano a mi honor previenes,
Sin la culpa que no tienes,
La disculpa que me das.   2280
Tu muerte sentiré más,
    Yo sin honra y tú sin culpa;
Que mueras el amor culpa,
Que vivas siente el honor,
Y en vano me culpa amor   2285
Cuando el honor me disculpa.
    Aquí admiro la razón,
Temo allí la majestad,
Matarte será crueldad,
Vengarme será traición,   2290
Que tales mis males son,
    Y mis desdichas son tales,
Que unas a otras iguales,
De tal suerte se suceden,
Que solo impedir se pueden   2295
Las desdichas con los males.
    Y sin que me falte alguno,
Los hallo por varios modos
Con el sentimiento a todos,
Con el remedio a ninguno;   2300
En lance tan importuno
    Consejo te he de pedir,
Blanca; mas si has de morir,
¿Qué remedio me has de dar,
Si lo que he de remediar   2305

           Es lo que llego a sentir?

BLANCA.   Si he de morir, mi García,
No me trates desa suerte,
Que la dilatada muerte
Especie es de tiranía.   2310

GARCÍA.   ¡Ay, querida esposa mía,
          Qué dos contrarios extremos!

BLANCA.   Vamos esposo.

GARCÍA.   Esperemos
A quien nos pudo mandar
No volver al Castañar.   2315
Aparta y disimulemos.

Salen el REY, *la* REINA, *el* CONDE *y* DON MENDO,
y los que pudieren

ESCENA X

DOÑA BLANCA, D. GARCÍA, EL REY, LA REINA,
EL CONDE, D. MENDO

REY.   ¿Blanca en palacio y García?
Tan contento de ello estoy,
Que estimaré tengan hoy
De vuestra mano y la mía   2320
      Lo que merecen.

MENDO.   No es bueno
Quien por respetos, señor,
No satisface su honor
Para encargarle el ajeno.
      Créame, pues se confía   2325
De mí Vuestra Majestad.

REY. (*Ap.*)   (Esta es poca voluntad.)

	Mas allí Blanca y García	
	Están. Llegad, porque quiero	
	Mi amor conozcáis los dos.	2330
GARCÍA.	Caballero, guárdeos Dios.	
	Dejadnos besar primero	
	De Su Majestad los pies.	
MENDO.	Aquél es el Rey, García.	
GARCÍA. (*Ap.*)	(¡Honra desdichada mía!	2335
	¿Qué engaño es éste que ves?)	
	A los dos, Su Majestad...	
	Nos dad la mano, señor,	
	Pues merece este favor,	
	Que bien podéis....	
REY.	Apartad,	2340
	Quitad la mano; el color	
	Habéis del rostro perdido.	
GARCÍA. (*Ap.*)	(No le trae el bien nacido	
	Cuando ha perdido el honor.)	
	Escuchad aquí un secreto;	2345
	Sois sol, y como me postro	
	A vuestros rayos, mi rostro	
	Descubrió claro el efeto.	
REY.	¿Estáis agraviado?	
GARCÍA.	Y ve	
	Mi ofensor, porque me asombre.	2350
REY.	¿Quién es?	
GARCÍA.	Ignoro su nombre.	
REY.	Señaládmele.	
GARCÍA.	Sí haré.	
(*Ap. a Mendo.*)	(Aquí fuera hablaros quiero	
	Para un negocio importante,	

| | Que el Rey no ha de estar delante.) | 2355 |

MENDO. (*Ap.*) (En la antecámara espero.)   (*Vase.*)

GARCÍA.   ¡Valor, corazón, valor!

REY.   ¿Adónde, García, vais?

GARCÍA.   A cumplir lo que mandáis,

Pues no sois vos mi ofensor.   (*Vase.*)   2360

REY.   Triste de su agravio estoy;

Ver a quién señala quiero.

GARCÍA. (*Dentro.*) ¡Este es honor, caballero!

REY.   ¡Ten, villano!

MENDO. (*Dentro.*)   ¡Muerto soy!

(*Sale envainando el puñal ensangrentado*)

GARCÍA.   No soy quien piensas, Alfonso;   2365
No soy villano, ni injurio
Sin razón la inmunidad
De tus palacios augustos.
Debajo de aqueste traje
Generosa sangre encubro,   2370
Que no sé más de los montes
Que el desengaño y el uso.
Don Fernando el Emplazado
Fué tu padre, que difunto
No menos que ardiente joven   2375
Asombrado dejó el mundo,
Y a ti de un año, en sazón
Que campaba el moro adusto,
Y comenzaba a fundar
En Asia su imperio el turco;   2380
Eran en Castilla entonces
Poderosos, como muchos,

Los Laras, y de los Cerdas
Cierto el derecho, entre algunos,
A tu corona, si bien   2385
Rey te juraron los tuyos,
Lealtad que en los castellanos
Solamente caber pudo.
Murmuraban en la corte
Que el conde Garcí Bermudo,   2390
Que de la paz y la guerra
Era señor absoluto,
Por tu poca edad y hacer
Reparo a tantos tumultos,
Conspiraba a que eligiesen   2395
De tu sangre Rey adulto,
Y a don Sancho de la Cerda
Quieren decir que propuso,
Si con mentira o verdad
Ni le defiendo ni arguyo;   2400
Mas los del Gobierno, antes
Que fuese en el fin Danubio
El que era apenas arroyo,
O fuese rayo futuro
La que era apenas centella,   2405
La vara, tronco robusto,
Preso restaron al Conde
En el Alcázar de Burgos.
Don Sancho, con una hija
De dos años, huyó oculto,   2410
Que no fió su inocencia
Del juicio de tus tribunos;
Con la presteza, quedó

Desvanecido el obscuro
Nublado que a tu corona   2415
Amenazaba confuso;
Su esposa, que estaba cerca,
Vino a la ciudad, y trujo
Consigo un hijo que entraba
En los términos de un lustro;   2420
Pidió de noche a los guardas
Licencia de verle, y pudo
Alcanzarla, si no el llanto,
El poder de mil escudos.
"No vengo, le dijo, esposo,   2425
Cuando te espera un verdugo,
A afligirte, sino a dar
A tus desdichas refugio
Y libertad." Y sacó
Unas limas de entre el rubio   2430
Cabello con que limar
De sus pies los hierros duros;
Y ya libre, le entregó
Las riquezas que redujo
Su poder, y con su manto   2435
De suerte al Conde compuso,
Que entre las guardas salió
Desconocido y seguro
Con su hijo; y entre tanto
Que fatigaba los brutos   2440
Andaluces, en su cama
Sustituía otro bulto.
Manifestóse el engaño
Otro día, y presa estuvo,

Hasta que en hombros salió   2445
De la prisión al sepulcro.
En los montes de Toledo
Pára el Conde entre desnudos
Peñascos, y de una cueva
Vivía el centro profundo,   2450
Hurtado a la diligencia
De los que en distintos rumbos
Le buscaron; que trocados
En abarcas los coturnos,
La seda en pieles, un día   2455
Que se vió en el cristal puro
De un arroyo, que de un risco
Era precipicio inundo,
Hombre mentido con pieles,
La barba y cabello infurto   2460
Y pendientes de los hombros
En dos aristas diez juncos;
Viendo su retrato en él,
Sucedido de hombre en bruto,
Se buscaba en el cristal   2465
Y no hallaba su trasunto;
De cuyas campañas, antes
Que a las flores los coluros
Del sol en el lienzo vario
Diesen el postrer dibujo,   2470
Llevaba por alimento
Fruta tosca en ramo inculto,
Agua clara en fresca piel,
Dulce leche en vasos rudos,
Y a la escasa luz que entraba   2475

Por la boca de aquel mustio
Bostezo que dió la tierra
Después del común diluvio,
Al hijo las buenas letras
Le enseñó, y era sin uso   2480
Ojos despiertos sin luz
Y una fiera con estudio.
Pasó joven de los libros
Al valor, y al colmilludo
Jabalí opuesto a su cueva,   2485
Volvía en humor purpúreo.
Tenía el anciano padre
El rostro lleno de sulcos
Cuando le llamó la muerte,
Débil, pero no caduco;   2490
Y al joven le dijo: "Orgaz
Yace cerca, importa mucho
Vayas y digas al Conde
Que a aqueste albergue noturno
Con un religioso venga,   2495
Que un deudo y amigo suyo
Le llama para morir."
Habló al Conde, y él dispuso
Su viaje sin pedir
Cartas de creencia al nuncio.   2500
Llegan a la cueva, y hallan
Débiles los flacos pulsos
Del Conde, que al huésped dijo,
Viendo le observaba mudo:
"Ves aquí, Conde de Orgaz,   2505
Un rayo disuelto en humo,

Una estatua vuelta en polvos,
Un abatido Nabuco;
Éste es mi hijo." Y entonces
Sobre mi cabeza puso   2510
Su débil mano. "Yo soy
El conde Garcí Bermudo;
En ti y estas joyas tenga
Contra los hados recurso
Este hijo, de quien padre   2515
Piadoso te sostituyo."
Y en brazos de un religioso,
Pálido y los ojos turbios,
Del cuerpo y alma la muerte
Desató el estrecho nudo.   2520
Llevámosle al Castañar
De noche, porque sus lutos
Nos prestase, y de los cielos
Fuesen hachas los carbunclos,
Adonde con mis riquezas   2525
Tierras compro y casas fundo;
Y con Blanca me casé,
Como a Amor y al Conde plugo.
Vivía sin envidiar,
Entre el arado y el yugo,   2530
Las cortes, y de tus iras
Encubierto me aseguro;
Hasta que anoche en mi casa
Vi aqueste huésped perjuro,
Que en Blanca, atrevidamente,   2535
Los ojos lascivos puso;
Y pensando que eras tú,

Por cierto engaño que dudo,
Le respeté, corrigiendo
Con la lealtad lo iracundo;   2540
Hago alarde de mi sangre;
Venzo al temor, con quien lucho;
Pídeme el honor venganza,
El puñal luciente empuño,
Su corazón atravieso;   2545
Mírale muerto, que juzgo
Me tuvieras por infame
Si a quien de este agravio acuso
Le señalara a tus ojos
Menos, señor, que difunto.   2550
Aunque sea hijo del sol,
Aunque de tus Grandes uno,
Aunque el primero en tu gracia,
Aunque en tu imperio el segundo,
Que esto soy, y éste es mi agravio,   2555
Éste el confesor injusto,
Éste el brazo que le ha muerto,
Éste divida el verdugo;
Pero en tanto que mi cuello
Esté en mis hombros robusto,   2560
No he de permitir me agravie,
Del Rey abajo, ninguno.

REINA.   ¿Qué decís?
REY.   ¡Confuso estoy!
BLANCA.   ¿Qué importa la vida pierda?
De don Sancho de la Cerda   2565
La hija infelice soy;
     Si mi esposo ha de morir,

	Mueran juntas dos mitades.	
REY.	¿Qué es esto, Conde?	
CONDE.	Verdades	
	Que es forzoso descubrir.	2570
REINA.	Obliga a su perdón	
	Estoy.	
REY.	Mis brazos tomad;	
	Los vuestros, Blanca, me dad;	
	Y de vos, Conde, la acción	
	Presente he de confiar.	2575
GARCÍA.	Pues toque el parche sonoro,	
	Que rayo soy contra el moro	
	Que fulminó el Castañar.	
	Y verán en sus campañas	
	Correr mares de carmín,	2580
	Dando con aquesto fin,	
	Y principio a mis hazañas.	

Printed in the United States
By Bookmasters